Romain Kirt · Europa im Stress

Romain Kirt

EUROPA IM STRESS

Die Währungsunion
und andere EU-Großprojekte

1997

BOUVIER VERLAG · BONN

Die Deutsche Bibliothek - CIP-Einheitsaufnahme

Kirt, Romain:
Europa im Stress : die Währungsunion und andere EU-Großprojekte / Romain Kirt. - Bonn : Bouvier, 1997
ISBN 3-416-02718-3

 Umschlaggestaltung: Michael Fischer, Köln; unter Verwendung eines Fotos von THE STOCKMARKET. Satz: Bouvier Verlag, Bonn. Druck und Einband: Druckerei Plump, Rheinbreitbach. Gedruckt auf säurefreiem Papier.
Gedruckt mit freundlicher Unterstützung der CEDEL-Bank.

Aus der Lehre entstanden,
dem Lehrer gewidmet.

Jacques Santer zum 60. Geburtstag
und in Erinnerung an sieben Jahre
enger und guter Zusammenarbeit

R.K.

Inhalt

Zum Geleit

Am 18. Mai 1997 hat Jacques Santer seinen 60. Geburtstag gefeiert. Sein langjähriger, enger Mitarbeiter Romain Kirt hat diesen runden Geburtstag des Jubilars zum Anlaß genommen, um ein neues Buch über Europa zu schreiben, das „aus der Lehre entstanden, dem Lehrer gewidmet“ ist.

Jacques Santer war für Romain Kirt insofern ein Lehrer, als er ihm die wohl einmalige Gelegenheit einräumte, für ihn zu arbeiten und an seiner Seite das (europa-)politische Handwerk zu erlernen. Als Philologe war Romain Kirt ja nicht unbedingt für diese Art von Arbeit prädestiniert, doch bei einem Lehrer wie Jacques Santer lernte er gut, schnell und vor allem gerne, was er sowohl zur Erledigung seiner Aufgaben als persönlicher Referent als auch zum Mitgestalten der Politik wissen mußte.

Und so ist es denn auch nicht verwunderlich, daß ein auf den in der Lehre bei Jacques Santer gemachten Erfahrungen basierendes Buch über aktuelle europapolitische Themen zugleich auch ein Plädoyer für mehr Ehrlichkeit und Bürgernähe in der Politik ist. Dies dürfte ganz im Sinne des „Bürgerpräsidenten“ Jacques Santer (wie Kirt schreibt) sein, dem dieses Buch ja zugeeignet ist.

Die einzelnen Beiträge oder Essays, die auf den ersten Blick eher wahllos zusammengewürfelt scheinen, entpuppen sich, bei einer eingehenderen Betrachtung, als spezifische Einzelhommagen an den Facettenreichtum des beruflichen Werdegangs und des politischen Wirkens von Jacques Santer. So sind die - für den Geschmack eines amtierenden EU-Ratspräsidenten sicher etwas zu kritischen - Kapitel über die Europäische Währungsunion eine Hommage an den ehemaligen Finanzminister Jacques Santer. Der Beitrag über die Gemeinsame Außen- und Sicherheitspolitik der EU ist eine Reverenz an den Präsidenten der Europäischen Kommission, der Essay über „Christlich-soziales Gedankengut im Informationszeitalter" ein Kompliment an den Parteipolitiker Jacques Santer und das Kapitel über die „Freiberufler in der EU" eine Hommage an den ehemaligen Rechtsanwalt.

Man muß mit den in den einzelnen Beiträgen gemachten Aussagen des Autors nicht immer einverstanden sein. Man muß sie aber neidlos als das gelten lassen, was sie ohne Zweifel sind, nämlich das anspruchsvolle Ergebnis der intellektuellen Auseinandersetzung eines unabhängigen Geistes mit relevanten europapolitischen und gesellschaftspolitischen Fragen unserer Zeit.

Dem Autor Romain Kirt wünsche ich viele Leser, dem Buch positive Kritiken und dem mit diesem Essayband geehrten Jubilar Jacques Santer noch einmal alles Gute zum Geburtstag und weiterhin nicht zu viel Stress in Europa.

Jean-Claude Juncker
Premierminister von Luxemburg

Vorwort

Noch ein Buch über Europa? Was bringt einen Autor dazu, ein weiteres Buch zu einem Thema zu schreiben, über das zwar noch lange nicht alles, aber doch schon sehr viel gesagt worden ist? Was motiviert einen Publizisten, sich - nach bislang zwei Versuchen - ein weiteres Mal einem Sujet zuzuwenden, das bereits von allen Seiten her beleuchtet worden ist und eigentlich - und das im wahrsten Sinne des Wortes - als „abgehandelt“ gelten muß?

Nun, es sind vornehmlich drei Gründe, die mich dazu bewogen haben, mich mit dem Thema „Europa“ ein weiteres Mal gedanklich auseinanderzusetzen.

Mein Hauptbeweggrund war der Wille, auf eine ganz persönliche und bescheidene Weise mit dazu beizutragen, den Auftrag des „Bürgerpräsidenten“ Jacques Santer, dem dieses Buch ja auch zugeeignet ist, einzulösen. Dieser Auftrag lautet: die EU-Bürger wieder näher an den europäischen Integrationsprozeß heranzuführen bzw. sie für das von Robert Schuman, Konrad Adenauer, Alcide de Gasperi und Joseph Bech begonnene europäische Einigungswerk und für das, was in knapp fünfzig Jahren daraus geworden ist, wieder zu motivieren und zu begeistern.

Ein weiterer Grund, mich erneut mit einem Thema zu befassen, das - um es einmal im Jargon von Magisterexamens- und Diplomprüfungskandidaten zu sagen - „unheimlich viel hergibt“ und somit keineswegs als abgehandelt oder gar abgedroschen gelten darf, ist meine Begeisterung für eben dieses Thema.

Es ist durchaus üblich - und als Philologe müßte ich das ja eigentlich wissen -, daß ein Autor von einem einzigen Thema, Motiv oder Stoff so fasziniert ist, daß er sich damit in all seinen Schriften auseinandersetzt bzw. sich diesem, auch nach gelegentlichen Exkursen in andere Stoff- und Themenbereiche, immer wieder zuwendet. Mir geht es mit dem Thema „Europa“ nicht viel anders. Und vielleicht gelingt es mir ja, einige meiner Leser mit den in diesem Buch gemachten Aussagen und Reflexionen ebenfalls für „Europa“, für die so lange gehegte Hoffnung auf ein in Frieden geeintes Europa so zu begeistern, daß auch sie in Zukunft von diesem Sujet nicht mehr ablassen können

Jacques Delors hat einmal gemeint, „man könne einen gemeinsamen europäischen Binnenmarkt nicht lieben“. Europa aber, oder vielmehr die Idee eines in Frieden geeinten Europas kann man lieben, und zwar in dem Sinne, daß man von dieser Idee ergriffen ist und sie deswegen auch immer wieder aufgreift. Meine Beschäftigung mit Europa ist demnach nichts anderes als die geistige Auseinandersetzung mit einem faszinierenden Sujet, deren bescheidenes Ergebnis die zu Papier gebrachten und hier abgedruckten Gedanken eines Philologen zu einigen europapolitisch relevanten Fragestellungen sind.

Zu guter letzt, und damit wären wir dann bei meinem dritten Beweggrund angelangt, wollte ich - man möge mir diesen kleinen Ausflug in die Gefilde der *vanitas* nachsehen - eine sicht- und greifbare Erinnerung von, zumindest für mich, bleibendem Wert schaffen an einen für meine persönliche (geistige und innere) Entwicklung wichtigen Lebensabschnitt, nämlich an meine einsemestrige Gastprofessur an der Universität St.Gallen, an der ich im Sommersemester 1997 Vorlesungen über aktuelle Fragen und Aspekte des europäischen Integrationsprozeßes gehalten habe.

Den Anspruch, mehr zu sein als nur ein Europa-Buch eines Dilettanten (im etymologischen Sinne, wohlverstanden), also eines aus purer Liebhaberei agierenden Amateurs, hat dieser Essayband demnach nicht. Er hat eigentlich nur den dreifachen Anspruch, einige der Informationslücken anderer Dilettanten bzw. interessierter Laien in Sachen Europa zu schließen, den Erwartungen jener Menschen in etwa zu entsprechen, die sich die Zeit nehmen und die Mühe machen, ihn zu lesen, und die Hoffnungen all der Personen zu erfüllen, die mich bei der Arbeit an diesem Buch in irgendeiner Weise unterstützt haben, und denen ich deshalb zu großem Dank verpflichtet bin.

Einige von meinen Gönnern, Förderern, Helfern und moralischen Stützen möchte ich gerne namentlich erwähnen, um ihnen auch auf diesem Wege noch einmal meinen tiefempfundenen Dank und meine Anerkennung für ihre in jeder Hinsicht wertvolle Hilfe und Unterstützung auszusprechen, und zwar

Herrn Jean-Claude Juncker, Premierminister von Luxemburg, der das Geleitwort zu diesem Buch geschrieben hat,

Herrn Professor Dr. jur. Carl Baudenbacher, Richter am EFTA-Gerichtshof in Luxemburg und Ordinarius an der Universität St.Gallen HSG, der sich mit großer

Energie dafür eingesetzt hat, damit ich ein Semester lang an „seiner“ Universität hospitieren konnte,

Herrn Edmond Israel, Ehrenvorsitzender der CEDEL BANK, ohne dessen Fürsprache die CEDEL BANK meine Arbeit an diesem Buch wohl nicht finanziell unterstützt hätte,

Frau Dr. Donate Kluxen-Pyta und Frau Dr. Melanie Piepenschneider (beide aus Bonn), die wohl selbst am besten wissen, wieso sie hier erwähnt werden,

und last but not least meine Frau Anne-Marie, die von Anfang an mit der von mir vorgeschlagenen „Lasten-Teilung“ (sie beide Kinder und den Haushalt, ich die Schreibarbeit) einverstanden war und mir somit ein weiteres Mal die Möglichkeit eingeräumt hat, meinem Hobby, der Schreiberei, zu frönen, und einmal mehr Dilettant sein zu dürfen im Sinne Arthur Schnitzlers: „Dilettant sein, das heißt: seiner eigenen Einfälle nicht wert, aber auf sie stolz sein.“

St.Gallen, im
Mai 1997
Romain Kirt

Europa im Stress*

Die Europäische Union bereitet den Eintritt ins 21. Jahrhundert vor

Alte und neue Aufgaben

Wir befinden uns heute, wenige Jahre vor dem Ende des 20. Jahrhunderts, in einer Situation, die jener des ausgehenden 19. Jahrhunderts nicht unähnlich ist. Das ausgehende 19. Jahrhundert war, ebenso wie das nun bald zu Ende gehende 20. Jahrhundert, geprägt von einer extrem prekären Wirtschaftslage, die, so dachten unsere Vorfahren, nichts anderes sein konnte als der Anfang vom Ende, vom Ende Europas.

Schlechte wirtschaftliche Perspektiven sowie politische Instabilität und soziale Unruhen hatten also gegen Ende des letzten Jahrhunderts dazu geführt, daß unsere Vorfahren an den bevorstehenden „Untergang des Abendlandes“ (um mit Oswald Spengler zu sprechen) glaubten und das Vertrauen in die Zukunft verloren hatten. Genau wie unsere Vorväter haben auch wir heute mit schweren wirtschaftlichen Problemen und folglich auch mit sozialen Unruhen zu kämpfen. Auch wir stehen vor großen Herausforderungen und wichtigen politischen Entscheidungen. Auch wir sind dabei, von der alten Weltordnung Abschied zu nehmen und den Beginn eines neuen Zeitalters einzuläuten.

Wir stehen in der Tat am Beginn einer neuen Epoche, einer neuen Zeit. Diese Zeit steckt, wie kaum eine andere zuvor, voller Möglichkeiten und Herausforderungen. Und wie jeder Neuanfang erfordert auch der Beginn eines neuen Zeitalters nicht nur eine mentale Umstellung auf die neuen Gegebenheiten, sondern auch ein globales Umdenken. Globales Umdenken aber bedeutet nicht: neue Gedanken in alte Denkschemata reinpressen. Die Forderung nach globalem Umdenken ist nichts anderes als der gerechtfertigte Anspruch einer neuen Zeit auf realpolitische Impulse zur Bewältigung der Aufgaben und Probleme, die der Eintritt in diese neue Zeit unweigerlich und implizit mit sich gebracht hat.

Wir stehen am Beginn einer neuen Epoche, aber schon längst nicht mehr an deren Ausgangspunkt. Auch die Euphorie, die Ende 1989 in ganz Europa aufgekommen war, ist verflogen. Das über den Fall der Berliner Mauer und die niedergerissenen Grenzzäune jubelnde Europa ist von den wirtschaftlichen und sozialen Realitäten in den ehemaligen Ostblock-Staaten eingeholt worden. Durch die politischen Umwälzungen in Mittel- und Osteuropa und den Zusammenbruch des Sowjetimperiums sind der europäischen Politik eine ganze Reihe neuer Aufgaben zugewachsen, denen sie sich in den kommenden Jahren mit dem größtmöglichen Engagement wird widmen müssen. Gemeint sind

- die Unterstützung des Demokratisierungsprozeßes in den ehemaligen Ostblockstaaten,
- die aktive Mitwirkung bei der Umstrukturierung der realexistierenden Planwirtschaften der mittel- und osteuropäischen Staaten in funktionierende soziale Marktwirtschaften nach westlichem Muster

und

- die Mitarbeit bei der Suche nach neuen Modellen für die Sicherung des Friedens in Europa und in der Welt.

Aber auch die „alten" Aufgaben sind geblieben:

- die Bekämpfung der Arbeitslosigkeit und der sozialen Ausgrenzung,
- die Vollendung des Binnenmarktes durch die Verwirklichung der Währungsunion,
- die Schaffung einer gemeinsamen Außen- und Sicherheitspolitik,
- die Verbesserung der Zusammenarbeit in den Bereichen Justiz- und Innenpolitik,
- die Bewahrung des Gleichgewichts und des Interessenausgleiches zwischen den großen und den kleine(re)n Mitgliedstaaten der Europäischen Union,
- die Weiterarbeit an der ökologischen Modernisierung unserer Industriegesellschaft,
- die Anpassung unserer Bildungssysteme an die gesellschaftspolitischen Realitäten der Jahrhundertwende

und

- die Weiterentwicklung des europapolitischen Dialogs trotz aller Politikverdrossenheit.

Angesichts dieser Aufgaben, aber auch in Anbetracht einiger anderer Probleme, die einer doch relativ raschen Lösung harren (wie z.B. die Reform der Gemeinsamen Agrarpolitik, die Überprüfung des Finanzierungskonzeptes der Europäischen Union oder die Bekämpfung der grenzüberschreitenden Kriminalität), und schließlich im Hinblick auf die wahrscheinlich größte Herausforderung in den ersten Dekaden des 21. Jahrhunderts, nämlich die Erweiterung der Europäischen Union nach Mittel- und Osteuropa, die nicht nur eine politische Notwendigkeit, sondern auch ein moralisches Gebot ist, befindet sich Europa bzw. die Europäische Union im Stress.

Europa im Stress

Stellen schaffen,
Transparenz vergrößern,
Regierungskonferenz abschließen,
Erweiterung vorbereiten,
Stabilitätskriterien einhalten,
Sicherheit verstärken.

Wenn man jeweils den Anfangsbuchstaben der eben aufgelisteten Desiderata nimmt und daraus dann ein Wort bildet, dann lautet dieser neue Begriff: STRESS.

Angesichts der Aufgaben, welche die Europäische Union in den wenigen noch verbleibenden Jahren vor dem Eintritt ins nächste Jahrtausend erledigen muß, ist es durchaus vertretbar, diese Jahre des Zeitenwechsels als „Stress-Periode“ zu bezeichnen, zumal - neben den zahlreichen zu bewältigenden Aufgaben - auch alle anderen Faktoren, die gewöhnlich zu Stress-Situationen führen, hier vorhanden sind, nämlich: ein gewisser Zeitdruck und auch ein nicht unbeträchtliches Ausmaß an Erfolgsdruck.

Doch an Stress-Situationen ist die Europäische Union mittlerweile schon gewöhnt. Nach den aufregenden und stressigen Ereignissen von 1989 und den Konsequenzen, die sich daraus ergeben haben, erlebt die EU nunmehr eine zweite, äußerst bewegte Periode, in der eine Reihe von Entscheidungen genommen werden müssen, die sehr weitreichende Auswirkungen nicht nur auf die zukünftige Gestalt Gesamteuropas, sondern auch auf die zukünftige Stellung Europas in der Welt haben werden.

Ganz allgemein gesprochen geht es um nicht mehr und um nicht weniger als um die Sicherung eines mittlerweile über fünfzig Jahre alten Friedens auf unserem Kontinent. Auf die aktuellen Gegebenheiten der Realpolitik angewandt, bedeutet dies, daß alle makropolitischen Entscheidungen, die in den nächsten drei, vier Jahren auf europäischer Ebene genommen werden (müssen), letztendlich alle dem gleichen Haupt- und Langzeitziel dienen, nämlich der Konsolidierung des Friedens. Und man kann den mittlerweile schon zum politischen Bonmot gewordenen Ausspruch des luxemburgischen Premierministers Jean-Claude Juncker: „Währungspolitik ist Friedenspolitik mit anderen Mitteln" durchaus auf andere europäische Politikbereiche ausdehnen, denn auch Arbeitsmarktpolitik, Sozialpolitik, Bildungspolitik oder auswärtige Kulturpolitik, um nur diese zu nennen, sind Friedenspolitik mit anderen Mitteln.

Angesichts der enormen Tragweite der aus- bzw. bevorstehenden Entscheidungen ist es also durchaus verständlich, wenn die oft krisengeschüttelte, selten stressfreie und seit jeher an „atemraubende Endspurte gewöhnte EU" (John Major) dann schon mal ganz schön ins Schwitzen kommt. Doch starkes Schwitzen bzw. häufige und heftige Schweißausbrüche sind nun einmal symptomatische Begleiterscheinungen von Stress-Situationen.

Bleiben wir noch für einige Augenblicke im Metaphernbereich der Transpiration und der Psychosomatik.

Würde man unser gutes altes Europa, das die Nachwehen seiner Neugeburt im Jahre 1945 noch immer nicht ganz überwunden hat, mit einer Frau vergleichen, die ebenfalls nach Kriegsende geboren wurde, so könnte man die, ich gebe zu, etwas gewagte Behauptung aufstellen, dieses Europa befinde sich nunmehr in den Wechseljahren.

In der Tat durchlebt Europa derzeit eine recht schwierige Phase, die man durchaus, um mit dem Historiker Karl Lamprecht zu sprechen, als eine „Periode der Reizsamkeit" bezeichnen könnte, und deren Begleiterscheinungen gewisse Ähnlichkeiten mit den Symptomen aufweisen, die man bei einer Frau im Klimakterium beobachten kann: Verdrossenheit, Zukunftsangst, Angst vor der Attraktivität anderer (hier der wirtschaftlichen Attraktivität Ost- und Südostasiens) und, wie bereits erwähnt, gelegentliche Schweißausbrüche, die immer dann auftreten, wenn Europa an die Aufgaben denkt, die in den nächsten Jahren bewältigt werden müssen.

Einige der anstehenden Aufgaben und dringend zu bewältigenden Probleme sollen in diesem Essayband etwas näher analysiert und diskutiert werden. Zur Sprache kommen sollen aber auch Themen und Aspekte, die mit dem europäischen Integrationsprozeß nur unmittelbar und indirekt in Verbindung stehen.

Der Schwerpunkt meiner Überlegungen liegt aber eindeutig bei den integrationspolitischen Themen und hier insbesondere bei der Europäischen Währungsunion, die - neben der Regierungskonferenz zur Revision des Maastrichter Vertrages, die bei Erscheinen dieses Buches aller Voraussicht nach beendet sein wird, - in den wenigen bis zur Jahrtausendwende noch verbleibenden Jahren das zentrale europapolitische Thema schlechthin sein wird.

Ein anderes Thema, dem in diesem Essayband besondere Aufmerksamkeit gewidmet wird, ist die Gemeinsame Außen- und Sicherheitspolitik (GASP), deren relativ rasche Verwirklichung angesichts der Tatsache, daß heute nahezu alle außen-, sicherheits- und verteidigungspolitischen Fragen, aber auch alle ökonomischen, ökologischen und kulturellen Probleme überregionalen bzw. transnationalen Charakter und internationale Auswirkungen haben, wichtiger denn je ist. Die Mitgliedstaaten der Europäischen Union müssen die Schaffung einer Gemeinsamen Außen- und Sicherheitspolitik nunmehr zügig vorantreiben, da die Union (und mit ihr vermutlich ganz Europa) ansonsten wohl das Risiko läuft, allmählich von der Gestaltung der Weltpolitik ausgeschlossen zu werden.

Ohne die Währungsunion und ohne eine Außen- und Sicherheitspolitik, die das Attribut „gemeinsam“ auch wirklich verdient, wird die Europäische Union ganz sicher nicht zum stillen Verbündeten der kommenden Generationen werden. Der zu Beginn der fünfziger Jahre ins Leben gerufene europäische Einigungsprozeß behält aber nur dann seinen Sinn, wenn auch die Bürger, in deren ureigenenem Interesse der Einigungs- und Integrationsprozeß seit jeher vorangetrieben wird, tagtäglich spürbar merken, daß dieses so viel gescholtene Europa ihnen zahlreiche Vorteile bringt. Nur wenn die in der EU lebenden Bürger die positiven Auswirkungen des europäischen Einigungsprozeßes deutlich erkennen, werden sie sich mit dem von ihnen und für sie noch sehr weit entfernten EU-Europa wesentlich stärker identifizieren können.

Zu den EU-Bürgern, die schon sehr früh die Vorteile eines gemeinsamen europäischen Binnenmarktes erkannt und auch genutzt haben, gehören ohne Zweifel die - ohnehin sehr flexiblen - Freiberufler, die auch im Europa des 21. Jahrhunderts zu den Motoren der europäischen Volkswirtschaft gehören werden. Die Freiberufler in der Europäischen Union waren mit die ersten EU-Bürger, die dem ursprünglich von Christdemokraten angekurbelten europäischen Einigungswerk von Beginn an mit Wohlwollen begegnet sind. Dem mutigen Beispiel der christdemokratischen EU-Gründungsväter zu folgen und von der Weitsicht der Freiberufler zu lernen - auch dies könnte ein Weg sein, den Stress abzubauen, den immer noch zu viele Bürger mit EU-Europa haben.

*Der Begriff „Europa im Stress“ wird in Anlehnung an Herrn Werner Hoyer, MdB, Staatsminister im Auswärtigen Amt, verwendet, von dem sowohl die Wortprägung selbst als auch die Idee der Aufschlüsselung stammt. Im Unterschied zu Hoyer verwende ich den Begriff „Stress“ jedoch nicht spezifisch in Bezug auf die Regierungskonferenz zur Revision des Maastrichter Vertrages, sondern im ganz allgemeinen Kontext der Europapolitik.

Die Politiker, die Bürger und der Euro

Anmerkungen zu einem Informations- und Akzeptanzdefizit

Viel Vertrauen, aber wenig Verständnis

Auf die besonders vor seinem Amtsantritt von Journalisten gestellte Frage, welches das Hauptanliegen sei, dem er sich während seines fünfjährigen Mandats als Präsident der Europäischen Kommission widmen möchte, antwortete Jacques Santer zumeist, er wolle die Kluft zwischen den EU-Bürgern und der Integrationspolitik so stark wie nur möglich reduzieren. Bei der Wahl seiner Worte war Jacques Santer vorsichtiger als viele andere EU-Politiker, denn er vermied es, vom „mangelnden Vertrauen der Bürger in den europäischen Integrationsprozeß" zu sprechen.

Es wäre auch völlig falsch zu behaupten, die Bürger hätten kein Vertrauen in die Integrationspolitik. Was den Bürgern fehlt, ist nicht das Vertrauen in das europäische Einigungswerk, sondern das Verständnis für eine Reihe von Entscheidungen, die auf EU-Ebene getroffen und dann einzig und allein den „von der Realität abgeschnittenen Brüsseler Technokraten" (de Silguy) in die Schuhe geschoben werden. Die EU-Bürger haben wenig, um nicht zu sagen, gar kein Verständnis für das in ihren Augen völlig überproportionierte Interesse der Brüsseler Megabehörde an Dingen, die für den europäischen Einigungsprozeß eher nebensächlich sind, zumal - so hat es jedenfalls für Nicht-Insider den Anschein - andere Aufgaben und Probleme, die einer dringenden Lösung harren (Stichwort: „Arbeitslosigkeit") scheinbar nicht in Angriff genommen werden. Waren es vor gut zehn Jahren noch die Nahrungsmittelberge der EG, der Harmonisierungs- und Regulierungsfanatismus der Europäischen Kommission oder auch latente Budgetungerechtigkeiten, die zur Europa-Verdrossenheit der Bürger beigetragen haben, so sind es heute die Diskussionen über die adäquate Länge und Form der Bananen, den EU-konformen Verhüterli (im Fachjargon „Euro-Präser" oder „Unionsgummi" genannt), die Richtlinien über den umweltgerechten Energieverbrauch von Kühlschränken oder über die EU-weite Einführung von einheitlichen Stromsteckern, die den Bürgern ihren Glauben in die absolute Notwendigkeit des europäischen Integrationsprozeßes nehmen.

Dieses angeblich mangelnde Verständnis der Bürger für dringend erforderliche Maßnahmen als etwas Negatives oder gar Verwerfliches darzustellen, zeugt von einer - formulieren wir es höflich - gewissen Welt- und Realitätsfremdheit der EU-Politiker und Eurokraten. Meines Erachtens ist das mangelnde Verständnis der Bürger für diese Art von Maßnahmen (die sicher auch in irgendeiner Weise von Belang sind - aber eben nur in irgendeiner Weise!) durchaus als positiv zu bewerten, denn es zeugt eigentlich davon, daß die Bürger ein weitaus pragmatischeres Verhältnis zum europäischen Einigungswerk haben, als manche Politiker glauben, und daß sie, wenn es um die Frage der europäischen Integration geht, eine größere Portion gesunden Menschenverstand an den Tag legen als die Integrationsapostel selbst.

Wenn also eine Europapolitik gemacht wird, die den Prinzipien des gesunden Menschenverstandes diametral gegenübergestellt ist, dann ist es auch völlig verständlich, daß die von den Politikern so gerne zitierten „einfachen Bürger von der Straße“ nicht viel für diese Europapolitik übrig haben können.

Ausgehend vom vermeintlichen Nonsense diverser Detailaspekte des europäischen Einigungswerkes (wie die Einführung eines einheitlichen Stromsteckers) beurteilen die Bürger dann die großen Linien der Integrationspolitik bzw. die allgemeine EU-Politik, die im Gegensatz zur Harmonisierungs- und Regulierungspolitik gut durchdacht ist, durchaus Sinn macht und auch im Interesse der Bürger und Verbraucher ist. Und so werden dann die zahlreichen positiven Facetten des europäischen Integrationsprozeßes durch das Negativ-Image der Vereinheitlichungsbestrebungen lädiert, eine Läsion, an der, nebenbei bemerkt, auch die Presse nicht ganz unschuldig ist, da sie nebensächliche Aspekte und Begleiterscheinungen des Integrationsprozeßes gelegentlich so darstellt, als gelte gerade ihnen das Hauptinteresse der Europapolitiker.

Im Klartext: Die mangelnde Akzeptanz, die so wichtige und lobenswerte Projekte wie die Währungsunion oder die Schaffung einer gemeinsamen Außen- und Sicherheitspolitik beim Bürger genießen, ist nicht so sehr auf ein Informationsdefizit zurückzuführen, sondern vielmehr auf die Tatsache, daß der - verständlicherweise - nicht so EU-versierte Bürger die positiven wie die negativen Aspekte des Integrationsprozeßes in einen Topf wirft, und der dadurch entstehende Europa-Eintopf natürlich nicht nach dem Gourmet-Geschmack der Bürger ist.

Aufgabe der Politik(er) ist es daher, den Bürgern dabei behilflich zu sein, die Europa-Spreu vom Europa-Weizen zu trennen, denn Information ist nicht nur erste Bürgerpflicht, sie ist auch und vor allem erste Politikerpflicht.

Angesichts der Entscheidungen, die in den drei bis zum Ende dieses Jahrhunderts noch verbleibenden Jahren auf europapolitischer Ebene anstehen, und die fast alle von makroökonomischer bzw. makropolitischer Tragweite sind, wäre es völlig unangebracht, die Bürger nicht ausführlich über diese Entscheidungen zu informieren, zumal feststeht, daß, wenn wir - europapolitisch gesehen - in der nächsten Zeit den falschen Weg einschlagen, der Integrationsprozeß wieder zur Stagnation verurteilt und Europa erneut nicht mehr als eine rein geographische Bezeichnung sein wird. Nur wenn die Bürger verstehen - und sie sind durchaus dazu in der Lage, dies zu verstehen, wenn man es ihnen nur richtig und auch gut, d.h. in ihrer eigenen Sprache und nicht in dem von Charles de Gaulle als „volapük intégré“ bezeichneten Euro-Slang erklärt -, wozu diese politischen Schritte (Verwirklichung der Währungsunion, Schaffung einer gemeinsamen Außen- und Sicherheitspolitik, verstärkte Zusammenarbeit in den Bereichen Justiz und Inneres) unternommen werden, sind sie auch bereit, diese Schritte mitzutragen. Und Leute, die beim Mittragen helfen, sind angesichts der bevorstehenden Aufgaben eminent wichtig, u.a. auch deswegen, weil, so der für Wirtschafts- und Währungsfragen zuständige Kommissar

Yves-Thibault de Silguy, der europäische Integrationsprozeß eine viel zu ernste Angelegenheit ist, um ihn allein den Spezialisten, sprich den Euro- und Technokraten, zu überlassen: „C'est une aventure trop fascinante pour être laissée aux seuls spécialistes."[1]

Wenn wir wollen, daß Europa wieder Sache der Bürger wird, dann müssen wir den Bürgern auch die Gelegenheit geben und ihnen alle Möglichkeiten einräumen, Europa bzw. den europäischen Integrationsprozeß wieder zu ihrer Sache zu machen. Zu glauben, die Bürger seien daran nicht interessiert, ist ein politischer Trugschluß. Die Bürger sind sehr wohl daran interessiert, sehr sogar. Es ist an den Politikern, dieses Interesse zu nutzen und es in positive Energie umzusetzen. Tun die Politiker das, so helfen sie Jacques Santer bei seiner überaus lobenswerten Initiative, die Bürger wieder näher an die Integrationspolitik heranzuführen - lobenswert vor allem deshalb, weil sie von Jacques Santer selbst stammt und nicht in den Köpfen irgendwelcher realitäts- und volksfernen EU-Technokraten gewachsen ist, denen sehr oft der Bezug zu den realpolitischen Tatsachen und jegliches Gespür für die Alltagsprobleme der, lassen wir sie noch einmal zu Ehren kommen, einfachen Bürger von der Straße fehlt.

Bindet man die Bürger mit ins Geschehen ein, so wird aus Euro-Skepsis und Euro-Frust innerhalb kürzester Zeit wieder Eu(ro)-phorie und Euro-Lust. Und wer dennoch glaubt, das Verhältnis der Bürger zu Europa bzw. ihr Verständnis für die europäische Integration sei ein „hoffnungsloser Fall", mit dem man nicht allzu viel Zeit mehr verlieren sollte, der sei auf Karl Jaspers verwiesen, der meinte: „Die Hoffnungslosigkeit ist schon die vorweggenommene Niederlage." Und besonders gut motivieren lassen sich die Bürger, wenn es bei europapolitischen Projekten ums Geld, um ihr Geld geht. Und gerade um das Geld der Bürger geht es ja bei der Europäischen Währungsunion (EWU) [2].

Zuversichtliche Politiker und argwöhnische Bürger

Politik, Wirtschaft und Finanzmärkte stellen sich zunehmend auf einen Start der Europäischen Währungsunion am 1. Januar 1999 ein. Trotz schwieriger öffentlicher Finanzlage in fast allen Mitgliedstaaten der Europäischen Union ist der politische Wille, den EU-Binnenmarkt durch die Einführung einer gemeinsamen Währung vollends zu verwirklichen, nach wie vor ungebrochen.

Seit Jahren vergeht deshalb in den Mitgliedstaaten der Europäischen Union und auch in jenen Ländern, die an einer EU-Mitgliedschaft interessiert sind, kaum noch ein Tag, an dem nicht irgendein Politiker, Notenbankchef, Konzernmanager oder Wirtschaftswissenschaftler sich - positiv oder negativ - zur Europäischen Währungsunion äußert. Es wäre zwar übertrieben zu behaupten, die Diskussion über die Vor- und Nachteile einer gemeinsamen europäischen Währung spalte das seit einigen Jahren nun wieder zumindest geopolitisch geeinte Europa erneut in zwei oder gar mehrere Lager, doch es ist unumstritten, daß sich angesichts der geplanten Einführung einer europäischen Einheitswährung die Geister immer stärker scheiden, je näher das Datum für den Eintritt in die dritte Stufe der EWU rückt.

Und während die Regierungsmitglieder aller EU-Staaten, die Mitglieder der Europäischen Kommission und des Europäischen Parlamentes, aber auch zahlreiche Manager großer europäischer Unternehmen und Banken sich redlich (aber scheinbar ohne großen Erfolg) darum bemühen, den wirtschaftlichen Nutzen einer europäischen Einheitswährung zu preisen und die EU-Bürger von den Vorteilen einer EWU zu überzeugen, gewinnen die Kritiker und Skeptiker, die zum Teil auch sehr dubiose Contra-Argumente ins Feld führen, immer stärker an Boden.

Was kann man in einer ersten Phase aus dieser auf positivistischem Wege gewonnenen Erkenntnis schließen?

Zum einen, daß die EU-Bürger den Euro-Enthusiasmus bzw. die EWU-Faszination der Europapolitiker und Konzernmanager nicht teilen. Bleibt die Frage: warum? Zum anderen, daß die Kritiker- und Skeptikerfront wohl über die besseren bzw. die beim Bürger besser ankommenden Argumente verfügt. Auch hier muß man sich dann die Frage stellen: warum?

Daß es die Befürworter der EWU in Ländern mit einer starken und auch seit Jahren stabilen Währung und mit einer extrem glaubwürdigen Notenbank besonders schwer haben, die Bürger von der Einführung einer neuen Währung zu überzeugen, die ja unweigerlich den Verzicht auf die eigene (starke und stabile) Währung nach sich zieht, dürfte jedem - auch dem Nicht-Spezialisten - einleuchten. Umso erstaunlicher ist dann aber die Tatsache, daß es gerade die Regierungen jener EU-Länder sind, in denen Geldwertstabilität ein nationales Credo ist, die das größte Interesse an einer gemeinsamen europäischen Währung bekunden und geradezu auf deren fristgerechte Einführung drängen. Führt man diesen Gedanken zu Ende, dann kann man, ohne zu übertreiben, die Behauptung aufstellen, daß gerade die Staaten, die bei der Einführung einer gemeinsamen Währung angeblich am meisten zu verlieren haben, eigentlich die größten Befürworter einer Europäischen Währungsunion sind.

Zurecht drängt sich uns dann die Frage auf: sind der „Überzeugungstäter“[3] in Sachen Europa Helmut Kohl und sein Finanzminister Theo Waigel übermütig geworden oder wissen sie etwas, was andere nicht wissen und wir nicht wissen dürfen? Wer bereit ist, eine starke und stabile D-Mark auf dem Euro-Altar zu opfern, der kann doch nur übermütig (oder einfach nur mutig?) sein, oder aber der ist sich seiner Sache so sicher, daß er den Mut zum Risiko haben darf. Dem deutschen Bundeskanzler und auch seinem Finanzminister Übermut unterstellen zu wollen, ist schlichtweg töricht. Übermut (Hybris), das wußten schon die alten Griechen, wird bestraft. Und die Strafe für übermütige regierende Politiker lautet: Verbannung in die Opposition. Da aber wollen der Bundeskanzler und auch sein Finanzminister ganz bestimmt nicht hin. Also müssen sie sich, da sie sich ja unermüdlich für die EWU stark machen, ihrer Sache doch ziemlich sicher sein. Das gleiche gilt für fast alle EU-Regierungsvertreter und auch für den Präsidenten der Europäischen Kommission (wenngleich dieser nicht vom Wähler „sanktioniert“ werden kann), die sich, genau wie das Duo Kohl-Waigel, unentwegt für den Euro einsetzen.

Die Zuversicht aller führenden Europapolitiker müßte eigentlich beruhigend auf die Bürger wirken. Dies ist aber nicht der Fall, im Gegenteil. Je größer die Zuversicht der Politiker, daß das Projekt „EWU“ gelingen und der Euro eine stabile Währung werden wird, desto geringer das Vertrauen der Bürger in das nun bald realexistierende Europa-Geld. Dieses Phänomen allein mit der allgemeinen Politikverdrossenheit der Bürger oder mit dem mangelnden Vertrauen der Regierten in die Regierenden erklären zu wollen, hieße sich die Sache etwas leicht machen.

Die Einführung einer gemeinsamen europäischen Währung per 1. Januar 1999 wird durch drei Defizite beeinträchtigt, nämlich durch ein Informationsdefizit, durch ein Sicherheitsdefizit und durch ein aus den beiden eben genannten Defiziten resultierendes Akzeptanzdefizit, das aus politischer Sicht das wichtigste ist.

Die EU-Staats- und Regierungschefs und ihre Finanzminister sehen sich hier also einem Teufelskreis gegenübergestellt, der wohl erst dann durchbrochen werden kann, wenn der Euro bereits eingeführt ist und dann auch so stark und so stabil sein wird, wie das im Vorfeld seiner Einführung immer behauptet wurde. Denn allein von der (späteren) Stabilität des Euro hängt es ab, ob er Akzeptanz beim Bürger finden wird oder nicht. Dies wissen auch die EU-Politiker und sie haben deshalb mit dem im Dezember 1996 auf dem Europäischen Rat von Dublin verabschiedeten Stabilitätspakt den Grundstein dafür gelegt, daß die neue europäische Währung mindestens so stabil werden kann bzw. wird wie die derzeit stärkste und stabilste nationale EU-Währung, die Deutsche Mark.

In Sachen Euro endlich Tacheles reden

Einer der größten Fehler, der im Zusammenhang mit der Verwirklichung der Europäischen Währungsunion bisher gemacht wurde, ist der, daß die Politiker, ausgehend vom allgemeinen Desinteresse der Bürger an europapolitischen Fragestellungen, das Interesse der EU-Bürger an der beschlossenen Einführung einer gemeinsamen europäischen Einheitswährung unterschätzt haben. Diese Fahrlässigkeit hat in erheblichem Maße dazu beigetragen, daß die Menschen von Tag zu Tag mißtrauischer werden und der Verwirklichung der Währungsunion mit einem gewissen Argwohn entgegensehen.

Die Maastricht-Gegner und die Kritiker der Währungsunion nutzen den ihnen von den EU-Politikern unfreiwillig zur Verfügung gestellten Spielraum mit einer teilweise an Perfidie grenzenden Schamlosigkeit aus, um lautstark und oft mit sehr einleuchtenden und deswegen auch plausiblen Argumenten Front gegen die Währungsunion bzw. gegen den Euro zu machen. Sie profitieren dabei auch von der Tatsache, daß die Bürger - und wer kann es ihnen angesichts der doch recht prekären gesamtwirtschaftlichen Lage in nahezu allen EU-Mitgliedstaaten verdenken! - in erster Linie in BWL-Kategorien, also mikroökonomisch denken. Ferner kommt den Kritikern zugute, daß die meisten Menschen, die nun einmal nicht alle EU-Insider und Integrationsspezialisten sind (und auch nicht sein können), an einem latenten Informationsdefizit hinsichtlich der Währungsunion leiden. Außerdem kommt den EWU-Gegnern zugute, daß auch die Presse gewöhnlich nur über die negativen Aspekte und die angeblichen Schattenseiten der Währungsunion berichtet, da mit negativen Schlagzeilen über den europäischen Integrationsprozeß scheinbar immer noch mehr Leser angesprochen werden als mit positiver oder neutraler Berichterstattung über die EU.

Wenn es jedoch um den eigenen Geldbeutel geht, möchten die Bürger so gut, so ausführlich und so detailliert wie nur irgendwie möglich informiert werden. Das sollte eigentlich jeder Politiker wissen und dann auch danach handeln. Dies war aber in der Vergangenheit leider nicht der Fall, und so haben sich die in Sachen EWU auf optimales Informiertsein bedachten Bürger ihre Informationen sehr oft eben dort geholt, wo man sie ihnen mit genüßlicher Genugtuung feilbot.

Zum Leidwesen der EU-Politiker und Euro-Befürworter war das aber nicht unbedingt an den Orten und Stellen, wo die Bürger so über die Währungsunion informiert werden, daß sie bei Deckung ihres Informationsbedarfs zu überzeugten Anhängern der geplanten europäischen Einheitswährung werden. Vielmehr wird man dort, wo die Menschen ihre Informationen eingeholt haben, deren Ängste und Sorgen noch zusätzlich geschürt haben, so daß ihre ohnehin schon nicht große Bereitwilligkeit, ihre eigene und ihnen seit Jahrzehnten vertraute Währung gegen eine zur Zeit noch fiktive und - geldpolitisch gesprochen - völlig amorphe europäische Einheitswährung einzutauschen, noch zusätzlich geschwunden ist.

Es ist demnach an der Zeit, daß die Integrationsapostel und Euro-Befürworter endlich Tacheles reden und die Bürger, statt ihnen mangelndes Vertrauen in die EU-Politik bzw. limitiertes Verständnis für die unternommenen integrationspolitischen Schritte zu unterstellen, intensiv und ausführlich über die großen Chancen und Vorteile der Europäischen Währungsunion, aber auch über deren - relativ geringen - Risiken aufklären.

Auch wenn die Bürger, wie vorhin schon behauptet, in erster Linie in BWL-Kategorien denken, so will das doch nicht heißen, daß sie nicht auch dazu in der Lage sind, ebenfalls in VWL-Kategorien, also makroökonomisch, zu denken, wenn man sich die Mühe macht, sie in diese Denkkategorien einzuweihen und sie ihnen mittels einer Informationspolitik, die diesen Namen auch verdient (und deswegen trotzdem keine Unsummen an Steuergeldern kosten muß), nahezubringen. Schließlich ist die beschlossene Einführung einer europäischen Einheitswährung ja doch ein makroökonomisches Projekt (mit einer nicht nur makro-, sondern megapolitischen Tragweite), und deswegen sollte man sie auch nicht nur mit mikroökonomischen Argumenten diskutieren.

Eine solch schlechte Behandlung haben auch noch ungeborene Währungen nicht verdient, dann nicht, wenn ihre Geburtshelfer bei der mentalen Vorbereitung der Bürger auf ihre Geburt nach wie vor so agieren, als müsse der Säugling Euro als Wunderkind ohne jegliches Handicap angepriesen werden. Dabei würden die Bürger durchaus ein ganz normales Euro-Kind akzeptieren, wenn man ihnen Mindestgarantien dafür geben würde, daß es überlebens- und später konkurrenzfähig, also stark und stabil sein wird. Diese Art von Mindestgarantien kann man den Bürgern allein schon dadurch geben, daß man sie objektiv und integral über die geplante Verwirklichung der Währungsunion und die Einführung des Euro informiert.

Das Recht des EU-Bürgers auf objektive Information

Unter Informationspolitik versteht man aber - in vielen EU-Hauptstädten und leider auch bei der Europäischen Kommission in Brüssel - allzu oft gezielte Propaganda, die, wie jede Form der gesteuerten und organisierten Informationspolitik, als Herrschaftstechnik durchaus eine legitime Daseinsberechtigung haben mag, ihr eigentliches Ziel aber, nämlich das Schließen von Informationslücken bzw. das Beheben von Informationsmängeln, verfehlen muß. Denn: die meisten Informationskampagnen über aktuelle europapolitische Themen basieren auf der in den Köpfen der relativ volksfernen EU-Technokraten gewachsenen, komplett falschen Prämisse, der vor allem von Politikern so gern zitierte „einfache Bürger von der Straße“ verstehe trotz massiver Information immer noch nichts von Europa und daher reiche ein geschickt ausgewähltes Mindestmaß an Informationen aus, um den Wissensdurst des angeblichen „Dummchens EU-Bürger“ zu stillen.

Im Gegensatz zu den Brüsseler Eurokraten sehe ich die Sache etwas differenzierter. Der Bürger, und das ist ja auch sein gutes Recht, beurteilt den europäischen Integrationsprozeß seit jeher nach folgendem Prinzip: „liberté, égalité, porte-monnaie“. Und wenn es um das eigene Portemonnaie geht, läßt keiner gerne mit sich spassen, schon gar nicht der in seinen eigenen Augen ohnehin schon genug gebeutelte EU-Bürger. Daher sollte man die Ängste und Sorgen des Bürgers vor der Einführung einer neuen, gemeinsamen europäischen Währung sehr ernst nehmen. Die Ängste und Sorgen des Bürgers ernst nehmen bedeutet an erster Stelle: den Bürger *objektiv* über das wohl bedeutendste Zukunftsprojekt der Europäischen Union zu informieren. Und unter „objektiv informieren“ verstehe nicht nur ich, sondern versteht auch der Bürger: *integrale* Aufklärung über das gewagte und sicher auch waghalsige Projekt „Europäische Währungsunion“.

Objektive Information über den Euro beinhaltet demnach nicht nur die Darstellung der Schokoladenseite der jetzt schon als „Palermo-Geld“ betitelten gemeinsamen europäischen Währung, sondern auch und vor allem die Auflistung und Erläuterung der durchaus bestehenden potentiellen Risiken, welche die Einführung einer europäischen Einheitswährung unweigerlich auch birgt.

Wer auf die - das steht gar nicht zur Debatte - mit Sicherheit zahlreichen Vorteile des Euro hinweist, ohne gleichzeitig auf die möglichen Risiken und Nachteile dieser geplanten einheitlichen Währung aufmerksam zu machen, der betreibt keine Informationspolitik nach westlichem Muster, sondern der macht eine von den im realexistierenden Sozialismus üblichen Methoden inspirierte Propaganda kommunistischer Prägung. Mit dieser Art von Informationspolitik aber lassen sich die EU-Bürger nicht von einer, wie *Focus*-Chefredakteur Helmut Markwort jüngst schrieb, „politischen Entscheidung, die jedermann direkt an den Geldbeutel geht"[4], überzeugen.

Der Bürger und der Euro - Ursachen eines Informationsdefizites

Das Informationsdefizit der EU-Bürger in Bezug auf die Europäische Währungsunion ist Teil des bei den Bürgern vorhandenen allgemeinen Informationsmangels in Sachen Europa, der u.a. auch auf die - man kann es nicht anders nennen - schizophrene Haltung einiger Politiker gegenüber dem europäischen Integrationsprozeß zurückzuführen ist.

Die EU-Bürger beklagen sich - oft zurecht - darüber, daß sie nicht genügend über die bisher unternommenen und in Zukunft zu unternehmenden integrationspolitischen Schritte informiert wurden bzw. werden. Tatsächlich ist im Zusammenhang mit der Ausarbeitung des Maastrichter Vertrages von politischer Seite nicht genug getan worden, um die Bürger gut und vollständig zu informieren. Die Quittung für ihre mangelhafte Aufklärungsarbeit haben die EU-Politiker dann auch bekommen: der Maastrichter Vertrag fand kaum Akzeptanz beim Bürger, obwohl er gerade in dessen Interesse ausgearbeitet worden war.

Im Moment (April 1997) wird der Maastrichter Vertrag im Rahmen einer Regierungskonferenz - wiederum im Interesse der Bürger - revidiert. Und schon vor Beginn dieser Regierungskonferenz fand eine große öffentliche Diskussion über die geplante Revision des Maastrichter Vertrages statt. Diese öffentliche Diskussion hat auch jetzt, wenige Monate vor dem Abschluß der

Regierungskonferenz, nicht an Intensität eingebüßt. Wer sich also über die aktuelle Debatte informieren *möchte*, der kann das auch. Sowieso sollte einmal darauf hingewiesen werden, daß wenn wir von „Informiertsein über Europa" reden, es nicht nur eine *Bring*schuld der Politiker gibt, sondern auch eine *Hol*schuld der Bürger. Der Bürger hat ein Anrecht auf Information, er hat aber ebenso die Pflicht, etwas für seine eigene Information zu tun.

Zum Informationsdefizit beim Bürger in puncto Währungsunion bzw. zur Verunsicherung des Bürgers hinsichtlich der Einführung des Euro trägt mit Sicherheit auch die Art und Weise bei, mit der einzelne Politiker über Europa und die Europäische Währungsunion reden. Sie sprechen nämlich, um es im Karl-May-Jargon zu sagen, mit gespaltener Zunge über die nicht nur am politischen Verhandlungstisch beschlossene, sondern auch in einem völkerrechtlichen Dokument vertraglich festgehaltene Einführung einer gemeinsamen europäischen Währung. Ihre Worte sind nicht, wie in der Bibel gefordert: „ja, ja" oder „nein, nein"; ihre Worte sind „ja und nein", je nachdem, was gerade beim Bürger gut ankommt.

Nichts aber schadet der Europäischen Währungsunion so sehr wie widersprüchliche Aussagen über den Euro. Man kann nicht in seinem Heimatland gegen die Währungsunion wettern und gleichzeitig am Brüsseler Verhandlungstisch behaupten, man unterstütze das Vorhaben „EWU" voll und ganz. Man kann auch als Politiker (oder sollte ich sagen: gerade als Politiker) nur für oder gegen den Euro sein, egal ob man sich in Bonn, Brüssel,

Paris oder London befindet. Mit anderen Worten: nicht wahltaktische Überlegungen dürfen die Haltung eines Politikers gegenüber der Europäischen Währungsunion bestimmen, sondern einzig und allein seine persönliche Meinung. Man ist entweder für den Euro oder man ist dagegen. Politiker, die widersprüchliche Aussagen über den Euro und die Europäische Währungsunion machen, verunsichern die ohnehin schon sehr mißtrauischen und argwöhnischen EU-Bürger immer mehr und fügen auch dem Vorhaben „EWU“ an sich erheblichen Schaden zu.

Die Verwirklichung der Europäischen Währungsunion durch die Einführung einer europäischen Einheitswährung aber ist ein symbolischer Akt von makroökonomischer Tragweite und eminent politischem Charakter. Es ist daher völlig unangebracht und angesichts des *enjeu macropolitique* dieses Unterfangens auch ganz und gar unwürdig, die beschlossene und aller Voraussicht nach auch termingerecht stattfindende Einführung des Euro mit z.T. niveaulosen, weil von Panikmachern ohne jegliches Sachverständnis avancierten Argumenten zu diskutieren. Das hat der noch ungeborene Euro nicht verdient. Geben wir ihm, wie jedem Wesen und Ding im Werden, seine Chance.

Makroökonomie und Realpolitik

Die Europäische Währungsunion - ein eminent politisches Unterfangen

„Die Schaffung einer europäischen Einheitswährung wird die monetären Rahmenbedingungen in Europa grundlegend verändern. Das Vorhaben führt aber weit über rein wirtschaftliche und technische Belange hinaus. Der Übergang zu einer einheitlichen Währung ist ein symbolischer Akt von eminenter politischer Bedeutung.“

Peter Buomberger[1]

„Nackte Zahlen sind eine Sache, ihre politische Beurteilung eine andere (...). Maßgebend wird 1998 demnach das politische Verdikt der Regierungschefs sein, nicht nur nackte Zahlen.“

Mario Hirsch[2]

Eine Beruhigungsspritze für mißtrauische EU-Bürger?

Nach dem Europäischen Rat von Florenz (Juni 1996), der als „Florentiner BSE-Gipfel“ in die EU-Annalen eingehen wird, brauchte die Europäische Union unbedingt ein - auch nach außen hin als solches vorzeigbares - Erfolgserlebnis, damit der zur Zeit aus mehreren Gründen hochgradig gefährdete europäische Integrationsprozeß nicht noch stärker in Bedrängnis gerät, als das ohnehin schon der Fall ist. Die Staats- und Regierungschefs der Europäischen Union haben deshalb auch die letzte sich ihnen im Jahr 1996 bietende Chance in gewohnt theatralischer Manier dazu genutzt, um den Europäischen Rat von Dublin zu einem EU-Erfolgserlebnis erster Güte werden zu lassen.

Die - meist unter enormem Zeitdruck arbeitende und deshalb auch relativ leicht zufriedenzustellende - EU-Fachpresse agierte dann auch ganz im Sinne und komplett nach dem Geschmack der Gipfelteilnehmer, indem sie den von den EU-Staats- und Regierungschefs ausgehandelten Stabilitätspakt, der lediglich die Bezeichnung „Pakt" verdient, als *„Non-plus-ultra-Garantie"* für einen starken und stabilen Euro ausgab. Daß das Dubliner Abkommen von den europapolitischen Akteuren zum Stabilitätspakt hochstilisiert wurde, um das immer noch sehr große Akzeptanzdefizit bei den ob der geplanten Einführung einer europäischen Einheitswährung verunsicherten EU-Bürgern zu reduzieren, wollte wohl keiner der in Dublin anwesenden Journalisten wahrhaben. Nur so läßt sich erklären, daß der Europäische Rat von Dublin von den Medien quasi *unisono* als makellose EU-Erfolgsstory dargestellt wurde. Daß beim Dubliner Ratsgipfel dem von der irischen Ratspräsidentschaft vorgelegten Entwurf zur Revision des Maastrichter Vertrages kaum Beachtung geschenkt wurde, schien die Medienvertreter wenig zu interessieren.

Erschreckend, wo nicht deprimierend ist aber die Tatsache, daß in der etwas weniger hektischen Phase nach dem Europäischen Rat von Dublin kaum jemand den Stabilitätspakt als das geoutet hat, was er letztendlich auch ist, nämlich: eine weitere Vergrößerung des ohnehin schon nicht minimen politischen Spielraumes bei der Verwirklichung der Europäischen Währungsunion.

Der in Dublin verabschiedete Stabilitätspakt ist das Paradigma schlechthin für das Primat der Politik bei allen Projekten der Europäischen Union, auch bei denen, die, wie die Europäische Währungsunion, eher von ökonomischer Natur und makroökonomischer Tragweite sind. Das Schrittmaß der Genese des Stabilitätspaktes und vor allem dessen Inhalt wurden keineswegs nach dem wirtschaftlich und währungspolitisch Notwendigen bestimmt, sondern fast ausschließlich nach dem später (sprich: im Anschluß an den Ratsgipfel) innenpolitisch Vertretbaren.

Im Klartext: Der in Dublin ausgehandelte Stabilitätspakt ist das PR-wirksame politische Sedativum, das die deutsche Bundesregierung bzw. das Duo Kohl-Waigel dringend brauchte, um die unbedingt notwendige Zustimmung der Bundesbürger zum Eintausch der starken D-Mark gegen den Euro zu erlangen. Im Dubliner Stabilitätspakt, den Mario Hirsch treffend als „eine Art Zwangsjacke, die auf die Konvergenzkriterien des Maastrichter Vertrages zusätzliche Bedingungen draufsattelt, um die WWU-Teilnehmer zu einer strikten Haushaltsdisziplin, besonders nach vollzogener Währungsehe, dauerhaft zu verpflichten“[3], bezeichnet, ist u.a. vorgesehen, daß Haushaltssünder bei Konjunktureinbrüchen in der Spannbreite von 0,75 und zwei Prozent zwar sanktioniert werden können, es aber nicht unbedingt müssen (zumal der automatische Sanktionsmechanismus schon bei BIP-Rückgängen über 0,15 Prozent außer Kraft tritt). Ob diejenigen EWU-Mitglieder, die gegen das Haushaltsgebot gesündigt haben, letztendlich sanktioniert werden oder nicht, darüber befindet der Europäische Rat. Daß beim Entscheid des Europäischen Rates (der als „Bußgeld-Verhänger“ fungiert) auch die Vertreter der EWU-Staaten, die zu hohe Budgetdefizite aufzuweisen haben (also: die zur Zahlung eines Bußgeldes zu verurteilenden Haushaltssünder) gleich mit am Verhandlungstisch sitzen, macht das Unternehmen Stabilitätspakt zu einer europapolitischen Alfanzerei.

Dennoch hat der Stabilitätspakt, der vor allem die sogenannte „innere Härte“ des Euro garantiert, seine legitimierte Daseinsberechtigung, denn: Er schafft - soweit dies durch eine politische Konvention überhaupt möglich ist - zumindest die Grundvoraussetzung dafür, daß die in den meisten EU-Mitgliedstaaten jetzt weithin verwirklichte geldpolitische Stabilität auch dann noch erhalten werden kann, wenn sich nach dem Eintritt in die dritte Stufe der Währungsunion die Präferenzen der Politiker in einzelnen Euro-Mitgliedsländern wieder mehr zu einer inflatorischen Politik neigen sollten. Präzedenzfälle gibt es ja mehr als genug, und sie dürften auch hinlänglich bekannt sein. Wenn nicht, so reicht ein Blick in die Geschichtsbücher, um zu sehen, daß in der Geldpolitik Phasen mit einer ausgeprägten Stabilitätsorientierung - wie beispielsweise die Epoche des internationalen Goldstandards von 1876 bis 1914 oder die beiden ersten Dekaden des Systems von Bretton Woods (1945-1965) - immer wieder durch Perioden abgelöst wurden, in denen die Geldpolitik zu Zwecken der Staatsfinanzierung mißbraucht wurde.

Festhalten am vertraglich festgelegten Starttermin

Der Eintritt in die dritte Stufe der Wirtschafts- und Währungsunion soll, so ist es im Maastrichter Vertrag vorgesehen und auf dem Europäischen Rat von Madrid (Dezember 1995) noch einmal bekräftigt worden, am 1. Januar 1999 erfolgen. Am fristgerechten Beginn der Europäischen Währungsunion bestehen auch kaum noch Zweifel, zumal nahezu alle führenden EU-Politiker nicht müde werden zu beteuern, der in einem völkerrechtlichen Vertrag festgelegte Starttermin werde in jedem Falle eingehalten, und immer wieder vor den angeblich verheerenden - monetären aber auch politischen - Folgen einer erneuten Terminverschiebung (Stichwort: „Werner-Plan-Syndrom") warnen.
Dabei müßte doch das insbesondere von deutschen Regierungsmitgliedern permanent präkonisierte Prinzip des Festhaltens am vertraglich festgelegten Starttermin bei gleichzeitiger restriktiver Interpretation bzw. strikter Einhaltung der Maastrichter Konvergenzkriterien zumindest diejenigen hellhörig werden lassen, die den Eintausch der stabilsten europäischen Nationalwährung gegen einen angeblich weichen Euro *partout* verhindern wollen.

Denn: Wer zum jetzigen Zeitpunkt (März 1997), wo schon abzusehen ist, daß - bei einer sehr restriktiven Interpretation der Konvergenzkriterien - nur ein einziges und dazu noch das kleinste EU-Mitgliedsland (nämlich Luxemburg) die Maastricht-Kriterien bis zum Stichdatum (Dezember 1997) *à la lettre* erfüllen wird, das Festhalten am vertraglich festgelegten Starttermin zum politischen Dogma macht, der meint es entweder nicht ernst mit seinem Plädoyer für eine strikte Einhaltung der Konvergenzkriterien, oder aber der hat - trotz seiner anderslautenden Beteuerungen - ein genuines Interesse daran, daß die Maastricht-Kriterien nicht allzu strikt interpretiert bzw. eingehalten werden. Wenn aber ein EU-Mitgliedstaat - und dann auch noch derjenige mit der wohl unbeugsamsten Stabilitätsdoktrin - aus reinem Eigennutz einer etwas großzügigeren Interpretation der Konvergenzkriterien bei der Beurteilung seines spezifischen Falles zustimmt, dann kommt er nicht umhin, diese generöse Auslegung auch für andere EU-Staaten gelten zu lassen, auch wenn in diesen Staaten die Geldwertstabilität nicht unbedingt ein nationales Credo ist.

Man könnte sogar noch einen Schritt weitergehen und die, ich gebe zu, etwas gewagte und klotzige These aufstellen, daß es denjenigen, die - aus primär innenpolitisch motivierten Gründen - mit aller Vehemenz und nicht einmal mit Rücksicht auf die ansonsten unantastbare deutsch-französische Freundschaft einen Stabilitätspakt gefordert haben, mit dem die Kriterien für die Teilnahme an der EWU noch zusätzlich verschärft, um nicht zu sagen, bis auf ein eigentlich unüberwindbares Niveau hochgeschraubt worden wären, eigentlich nur darum gehen kann, den fristgerechten Beginn der Währungsunion - trotz aller bisherigen Lippenbekenntnisse - auf ein späteres Datum hinauszuschieben.

Natürlich ist eine solche These allein schon deswegen nicht haltbar, weil sie aus einem verläßlichen Befürworter und Vorantreiber des europäischen Integrationsprozeßes einen unberechenbaren EU-Partner machen würde. Sie ist aber insofern diskussionswürdig, als sie einen sehr zentralen Aspekt der EU-Politik in seinem Kern berührt, nämlich den Aspekt der objektiven bzw. gerade eben nicht objektiven Information des Bürgers über die Vor- und Nachteile sowie die makropolitischen Zusammenhänge eines integrationspolitischen Schrittes von bisher nie dagewesener Bedeutung und Tragweite.

Verharren wir für einen Augenblick bei der immer widersprüchlicher werdenden, auf die deutschen EU-Bürger aber mehr oder weniger beruhigend wirkenden Aussage: „Die Währungsunion beginnt, wie im Maastrichter Vertrag vorgesehen, fristgerecht am 1. Januar 1999, und die Konvergenzkriterien werden dabei strikt eingehalten“, die letztendlich auch dazu geführt hat, daß einige Chefökonomen von verschiedenen führenden europäischen Kreditinstituten nach wie vor davon ausgehen, daß die Europäische Währungsunion fristgerecht am 1. Januar 1999 als Kernunion bzw. als *Mini-Currency-Union* beginnen wird. Doch dazu später.

Auch Laien in Sachen Nationalökonomie haben mittlerweile begriffen, daß - sollten EU-Mitgliedstaaten wie Deutschland oder Frankreich die wichtigsten Konvergenzkriterien (Haushaltsdefizit und Staatsverschuldung) bis Ende 1997 nicht erfüllen - ein striktes Festhalten an dem, wie gesagt, in einem völkerrechtlichen Dokument verankerten EWU-Starttermin 1. Januar 1999 unweigerlich die, zumindest rein theoretische, Einplanung der folgenden drei Szenarien impliziert:

1. Die EWU findet gegebenenfalls ohne Deutschland und/oder Frankreich statt.
2. Der Starttermin wird verschoben, damit Deutschland und/oder Frankreich die Gelegenheit bekommen, sich

kurzfristig doch noch für die EWU-Endrunde zu qualifizieren.

3. Die Konvergenzkriterien werden, wenn, wie vorgesehen, „so früh wie möglich im Jahre 1998“ die Entscheidung über die EWU-Teilnehmer fallen wird, so interpretiert, daß Deutschland und Frankreich *ab initio* dabei sein werden, und die EWU fristgerecht am 1. Januar 1999 beginnen kann.

Eine europäische Währungsunion ohne die beiden Integrationslokomotiven Deutschland und Frankreich ist aber eigentlich gar nicht vorstellbar und würde auch, nicht nur meines Erachtens, recht wenig Sinn machen. Das erste Szenario, eine EWU ohne Deutschland und Frankreich, kommt somit also nicht in Frage.

Kaum Aussichten auf Erfolg hat auch das zweite Szenario, denn eine - nach der Ablehnung des Werner-Plans - erneute Verschiebung des Starttermins würde die Einführung einer europäischen Einheitswährung nicht nur um einige Jahre, sondern gleich um Jahrzehnte aufschieben. Ferner würde eine Terminverschiebung die Europäische Union in eine tiefe Vertrauenskrise stürzen, von der sich die EU so schnell nicht wieder erholen könnte. Dies aber hätte nicht nur fatale Folgen für den europäischen Integrationsprozeß, sondern auch für den Erhalt des sozialen Friedens innerhalb der EU sowie für den Erhalt des politischen Friedens in ganz Europa, und somit behält der luxemburgische Premierminister Jean-Claude Juncker Recht mit seiner Aussage: „Währungspolitik ist Friedenspolitik mit anderen Mitteln.“

Es liegt daher nicht nur in der Logik des bereits Gesagten, sondern auch und vor allem in der integrationspolitischen Logik, das an dritter Stelle genannte Szenario - fristgerechter Beginn der Europäischen Währungsunion bei relativ großzügiger Interpretation der Konvergenzkriterien - als das wohl realistischste Procedere zu betrachten, zumal sich die Staats- und Regierungschefs sowohl durch die vertragsrechtliche Festlegung auf einen Starttermin als auch durch ihre Beteuerungen, diesen Termin auch unbedingt einhalten zu wollen, in einer gewissen Weise zu „Terminsklaven" hinsichtlich der Verwirklichung der Währungsunion gemacht haben.

Die Vorteile einer Europäischen Währungsunion

Heute herrscht vielfach die Vorstellung vor, aus ökonomischer Sicht habe die Währungsunion lediglich eine gewisse Einsparung von Transaktionskosten zu bieten: die Kosten des Umtauschs zwischen den europäischen Währungen würden entfallen, ebenso die Kurssicherungskosten für Fremdwährungsforderungen innerhalb der EU. Doch das wäre nicht allzu viel; eine Studie der Kommission aus dem Jahr 1990 schätzt das Gewicht solcher Effekte auf eine Größenordnung von 0,4% des BIP der Union. Und man könnte sich dann zu recht die Frage stellen, ob es sich deswegen tatsächlich lohnen würde, die - auch bei einer gut konzipierten Verfassung der Europäischen Zentralbank - unvermeidbaren Risiken einer grundlegenden Neugestaltung der Währungsordnung Europas in Kauf zu nehmen.

Es ist daher an der Zeit, sich mit den Vorteilen eines gemeinschaftlich europäischen Geldwesens intensiver zu befassen und diese dann auch in der öffentlichen Diskussion mehr als bisher ins Blickfeld zu rücken. Die positiven Auswirkungen gehen von ihrer Bedeutung her weit über die genannten einzelwirtschaftlichen Einsparungspotentiale hinaus.

Durch eine Einheitswährung (oder auch durch eine Währungsunion mit absolut festen Wechselkursen zwischen den Mitgliedswährungen) entfielen sämtliche Schocks, die in einem integrierten Finanzmarkt von spekulativen Kapitalbewegungen ausgelöst werden können. Es würde damit eine zentrale Ursache für Störungen der internationalen Arbeitsteilung wie der nationalen Geldpolitiken nachhaltig eliminiert werden.

Die Bedeutung der Finanzmarktintegration in Europa

Die Vorteilhaftigkeit der Europäischen Währungsunion ergibt sich also insbesondere aus dem immer stärkeren Zusammenwachsen der Finanzmärkte in Europa. Dies ist eine noch relativ neue Entwicklung, die erst mit der Abschaffung aller Kapitalverkehrskontrollen innerhalb der EU (Anfang 1990) und der Vollendung des Binnenmarktes (Anfang 1993) ihre volle Dynamik entfalten konnte. So gesehen ist es nicht überraschend, daß dieser qualitative Sprung eigentlich erst mit den Krisen im Europäischen Währungssystem (EWS) ins Bewußtsein einer breiteren Öffentlichkeit gedrungen ist und auch in der akademischen Diskussion über die Vor- und Nachteile der Währungsunion bis heute nahezu völlig unbeachtet geblieben ist.

Die uneingeschränkte Freiheit des internationalen Geld- und Kapitalverkehrs wird von den meisten Ökonomen als ein konstruktives Merkmal einer marktwirtschaftlichen Wirtschaftsordnung angesehen. In der Tat führen Kapitalverkehrskontrollen dazu, daß Kapital nicht dort angelegt werden kann, wo es nach den Erwartungen der Investoren den höchsten Ertrag bringt. Oft bleibt dann nur noch die Anlage in Anleihen des hoch verschuldeten Staates. Zudem zeigt die Erfahrung aus vielen Ländern, daß dabei erhebliche volkswirtschaftliche Ressourcen allein dafür aufgewendet werden, solche Bestimmungen zu umgehen.

Es wird häufig übersehen, daß diese uneingeschränkt positive Beurteilung des freien Kapitalverkehrs nur auf Währungsordnungen mit unveränderlichen Wechselkursen zutrifft, d.h. sie gilt im Prinzip nur für Finanzströme zwischen den Regionen eines Nationalstaates oder den Mitgliedsländern einer Währungsunion. In allen Währungsordnungen mit veränderlichen Wechselkursen (Systeme mit festen, aber anpassungsfähigen Kursen wie dem EWS, Systeme frei-flexibler Kurse oder eines *„managed floating“*) ist unübersehbar, daß die Freiheit des Kapitalverkehrs - bei all ihren positiven Effekten - auch zu erheblichen gesamtwirtschaftlichen Störungen führen kann. Diese beruhen auf einem zentralen Defekt solcher Währungsordnungen: Die Teilnehmer an den Devisenmärkten lassen sich bei ihrer Beurteilung von Währungen nicht in systematischer Weise von fundamentalen makroökonomischen Daten (insbesondere: Inflationsraten, Leistungsbilanzsalden, Budgetdefizite) leiten. Dieser Befund wird für die Wechselkursentwicklung zwischen den großen internationalen Reservewährungen (Dollar, Yen, D-Mark, Pfund Sterling) durch eine Vielzahl ökonometrischer Studien eindeutig gestützt. Die

EWS-Krise vom Sommer 1993 zeigt, daß derartige Störungen nicht allein auf Systeme mit flexiblen Kursen beschränkt sind, sondern jederzeit auch in Währungsordnungen mit festen aber anpassungsfähigen Wechselkursen auftreten können.

Bei einem Volumen der internationalen Kapitalströme, das seit Jahrzehnten ständig stärker expandiert als die realwirtschaftlichen Transaktionen, darf man bei diesem Befund nicht einfach zur Tagesordnung übergehen. Spekulative Kapitalbewegungen sind in allen Währungssystemen mit veränderlichen Wechselkursen als eine permanente Ursache für gravierende gesamtwirtschaftliche Schocks anzusehen.

Schocks bei flexiblen Wechselkursen

Bei flexiblen Kursen können Wechselkursbewegungen, die den Kontakt zu gesamtwirtschaftlichen Fundamentalfaktoren verlieren (*„misalignments“*), erhebliche Verzerrungen in der internationalen Arbeitsteilung hervorrufen. Auch wenn dies die Lehrbücher zur realen Außenwirtschaftstheorie durchweg verschweigen, ist unbestreitbar, daß die dort abgeleiteten Theoreme für eine effiziente internationale Spezialisierung nur dann gelten, wenn die Wechselkurse primär von den Unterschieden in den Inflationsraten bestimmt werden (Kaufkraftparitätentheorie).

Mit der Realität flexibler Wechselkurse hat das aber nur wenig gemeinsam: So konnte man seit 1973 auch über mehrere Jahre hinweg immer wieder Kursentwicklungen beobachten, die keinerlei Bezug zu den nationalen Kaufkraftentwicklungen mehr aufwiesen; man spricht dann von realen Auf- oder Abwertungen:

- Besonders augenfällig war dies in den Jahren von 1980 bis 1985 als der US-Dollar gegenüber D-Mark von 1,80 DM (Ende 1980) bis auf fast 3,50 DM (Februar 1985) aufwertete, obwohl die amerikanische Inflationsrate höher lag als die deutsche, was im Prinzip eine Abwertung des Dollar nahegelegt hätte.
- In jüngerer Zeit wurde vor allem die japanische Wirtschaft von solchen Störungen betroffen. Bei einer nur wenig niedrigeren Inflationsrate als in den USA kam es von 1992 an zu einer massiven Aufwertung des Yen, wodurch die Wettbewerbsfähigkeit Japans nachhaltig beeinträchtigt wurde.

Ein Land, das sich einem solchen *„misalignment"* seiner Währung ausgesetzt sieht, erfährt eine erhebliche Verschiebung seines Kostenniveaus gegenüber dem Rest der Welt. Je nach der Richtung der Wechselkursausschläge kann es dabei temporär an internationaler Wettbewerbsfähigkeit hinzugewinnen oder verlieren. Es ist so in keiner Weise mehr gewährleistet, daß stets diejenigen Anbieter auf dem Weltmarkt zum Zuge kommen, die ein bestimmtes Gut mit dem geringsten Ressourcenaufwand herstellen: Der Außenhandel wird zu einer Art Glücksspiel. Bei alledem findet dabei natürlich weiterhin ein intensiver Warenaustausch statt. So gesehen greifen die gängigen wissenschaftlichen Analysen zum realwirtschaftlichen Einfluß von realen Wechselkursbewegungen ins Leere. Was dort untersucht wird, ist immer nur der Einfluß von Wechselkursinstabilität auf die Handelsvolumina. Die allein entscheidenden strukturellen Effekte bleiben völlig unberücksichtigt.

Im Europäischen Binnenmarkt wären solche Störungen besonders nachteilig. Bei dem großen Offenheitsgrad aller daran beteiligten Volkswirtschaften ist wechselkursbedingten Schocks ein erheblich größeres Gewicht beizumessen als beispielsweise in den Handelsbeziehungen zwischen Japan und den Vereinigten Staaten. Da bei flexiblen Wechselkursen grundsätzlich nicht zu prognostizieren ist,

- wann,
- in welcher Richtung und
- in welcher Intensität

reale Wechselkursänderungen auftreten, bedeuten flexible Wechselkurse in einem Binnenmarkt einen gravierenden unternehmerischen Risikofaktor. Dieser erweist sich für die europäischen Unternehmer vor allem dann als problematisch, wenn ihre Konkurrenten im globalen Wettbewerb über einen Standort verfügen, der - wie die Vereinigten Staaten - einen großen Binnenmarkt mit einer einheitlichen Währung darstellt. So gesehen wird erst die Währungsunion dazu führen, daß Europa die Vorteile eines Binnenmarktes voll ausschöpfen kann.

Schocks bei Systemen mit festen, aber anpassungsfähigen Kursen

Diese offenkundigen Nachteile eines Systems flexibler Kurse sind für Politiker in Europa seit Jahrzehnten ein Anlaß gewesen, Wechselkursschwankungen durch Festkurssysteme in möglichst engen Grenzen zu halten.

Schon im Jahr 1972, der Endphase des Systems von Bretton Woods, wurde durch den Europäischen Wechselkursverbund („Schlange im Tunnel“) eine gemeinsame europäische Wechselpolitik geschaffen. Das im Jahr 1978 auf Initiative von Valéry Giscard d’Estaing und Helmut Schmidt gegründete Europäische Währungssystem (EWS) vertiefte und erweiterte diese Form der europäischen Währungszusammenarbeit. Bis Anfang der neunziger Jahre ist es diesem System durchaus gelungen, in Europa ein hohes Maß an Wechselkursstabilität mit einer zunehmenden realwirtschaftlichen Konvergenz und einer umfassenden Liberalisierung des Kapitalverkehrs zu vereinbaren.

Dies änderte sich grundlegend mit den EWS-Krisen, die im Herbst 1992 einsetzten. Anders als bei allen vorhergehenden Spekulationswellen gerieten plötzlich auch jene Währungen unter den Druck „spekulativer Attakken“, deren Länder sich durch ein besonders hohes Maß an makroökonomischer Stabilität auszeichneten (Belgien, Dänemark, Frankreich, Irland, Luxemburg). Somit mußte man jetzt auch unter den Verhältnissen eines Festkurssystems die Erfahrung machen, daß makroökonomische Fundamentalfaktoren keine zentrale Rolle bei den Wechselkurserwartungen der Marktteilnehmer spielen.

Die unmittelbaren Wirkungen dieses Schocks waren erheblich: Trotz geringen Inflationsraten waren die davon betroffenen Länder gezwungen, ihr Zinsniveau teilweise erheblich über die schon ausgesprochen hohen deutschen Sätze anzuheben. Diese währungspolitisch erzwungene geldpolitische Restriktion war eine wesentliche Ursache für die konjunkturelle Abschwächung in diesen Ländern. In Anbetracht der ohnehin ungünstigsten Arbeitsmarktlage war die Unhaltbarkeit einer solchen Situation evident. Dies war für die Märkte der Anlaß, nun erst recht auf eine Abwertung dieser Währungen zu spekulieren. Das Ergebnis ist bekannt: Die großen Volumina der international mobilen Finanzströme ließen den EU-Regierungen Anfang August 1993 kaum eine andere Wahl, als eine Aufspreizung der EWS-Bandbreiten auf plus/minus 15 Prozent vorzunehmen. Aus dem ursprünglichen EWS ist so ein System mit nahezu flexiblen Wechselkursen geworden.

Die seither eingetretene Entspannung an den europäischen Devisenmärkten ist kein Beweis für die Stabilität eines solchen Arrangements. Die Erfahrungen mit flexiblen Kursen auf weltweiter Ebene zeigen, daß es solche Ruheperioden durchaus geben kann, wobei aber jederzeit mit neuen massiven Störungen gerechnet werden muß. So gesehen gleicht die währungspolitische Situation in Europa heute der eines Autofahrers, der seit einem Jahr ohne Sicherheitsgurt fährt und allein aus der Tatsache, daß er bisher keinen Unfall hatte, die Notwendigkeit eines solchen Sicherheitssystems bestreitet.

Es stellt sich nun allerdings das Problem, daß eine Rückkehr zum „alten EWS“ kaum noch als eine realistische Lösung anzusehen ist. Das rasche Nachgeben der Notenbanken in der Septemberkrise von 1992 und ihr definitiver Rückzug Anfang August 1993 dürften für die Marktteilnehmer die Glaubwürdigkeit eines solchen Abkommens nachhaltig erschüttert haben. Es ist schwer vorstellbar, daß diese durch mehr Konvergenz wesentlich gestärkt werden könnte, da gerade im Sommer 1993 zwischen den genannten Ländern und dem Leitwährungsland Deutschland ein Maß an Übereinstimmung in den gesamtwirtschaftlichen Daten vorherrschte, wie es in der gesamten Nachkriegszeit selten zu finden war.

Was bedeuten nun diese Erfahrungen für die Notwendigkeit der Europäischen Währungsunion? Es dürfte außer Zweifel stehen, daß es bei dem hohen Volumen der internationalen Finanzströme für den Europäischen Binnenmarkt letztlich nur zwei dauerhafte währungspolitische Arrangements geben kann:

- Ein System mit mehr oder weniger flexiblen Wechselkursen: Hierbei drohen jederzeit größere realwirtschaftliche Schocks durch *„misalignments"*. Einzelne Notenbanken können dabei zwar versuchen, den Wechselkurs ihrer Währung aus eigener Kraft gegenüber der D-Mark zu stabilisieren. Ohne die institutionell fixierte Unterstützung durch die Bundesbank dürfte ein solches Vorgehen aber noch sehr viel weniger erfolgreich sein als die Stützungsversuche in den EWS-Krisen von 1992 und 1993.
- Die Europäische Währungsunion: Hierbei handelt es sich um die einzige währungspolitische Lösung, die den Erfordernissen eines Binnenmarktes gerecht wird, bei dem gleichzeitig eine völlig uneingeschränkte Mobilität des Kapitals und ein sehr hohes Maß an Außenhandelsverflechtung realisiert werden sollen.

So gesehen ist die Notwendigkeit der Währungsunion nach dem faktischen Zusammenbruch des EWS nicht etwa kleiner, sondern deutlich größer geworden.

Weitere Effekte der Währungsunion

Die Effekte der Währungsunion beschränken sich jedoch nicht nur auf die Vermeidung von Schocks, die durch spekulative Kapitalbewegungen ausgelöst werden. Die Übertragung aller geldpolitischen Kompetenzen von den nationalen Notenbanken auf die Europäische Zentralbank ist zugleich auch unter dem Aspekt zu sehen, daß so die Effizienz der Geldpolitik im europäischen Finanzbinnenmarkt erheblich verbessert werden kann.

Desweiteren übernehmen durch die Beteiligung am Europäischen Zentralbanksystem alle EU-Länder eine stabilitätsorientierte Notenbankverfassung, die durch den EU-Vertrag dauerhaft festgeschrieben wird. Die Unabhängigkeit der Geldpolitik und die Verpflichtung auf das Ziel der Geldwertstabilität werden so zu Eckpfeilern der Wirtschaftsordnung in der gesamten EU. Durch die Übertragung aller geldpolitischen Kompetenzen auf die supranationale Ebene kommt es zudem zu einer „Entnationalisierung des Geldes“, durch die die Unabhängigkeit der Geldpolitik in der EU zusätzlich gestärkt wird.

Effizienz der Geldpolitik

Bei einem zunehmenden Zusammenwachsen der nationalen Finanzmärkte erlaubt die Schaffung eines gemeinschaftlichen Zentralbanksystems eine sehr viel effizientere Geldpolitik als bei einem Nebeneinander unabhängiger nationaler Geldpolitiken.

Was man sich darunter vorzustellen hat, wird am ehesten deutlich, wenn man sich einmal die Frage stellt, warum es eigentlich in föderativen Staaten wie Deutschland oder den Vereinigten Staaten eine einheitliche

Geldpolitik gibt. Theoretisch wäre es ja durchaus denkbar, für jedes der deutschen Länder oder für jeden der amerikanischen Bundesstaaten eine autonome Notenbank zu errichten, die für die Geldpolitik in diesem Raum zuständig wäre.

Erstaunlicherweise findet man zu dieser Fragestellung wenig Hilfestellung in der ökonomischen Literatur, obwohl es dort eine Fülle von Publikationen zur „Theorie optimaler Währungsräume" gibt. Diese befassen sich mit der Thematik jedoch ausschließlich unter dem Aspekt einer optimalen Reaktionsweise alternativer Währungssysteme auf - meist nicht näher spezifizierte - reale Schocks. Die Effizienz der Geldpolitik ist in dieser Theorierichtung kein Thema. Auch die von spekulativen Kapitalbewegungen ausgelösten Schocks bleiben völlig unberücksichtigt. Dies liegt wahrscheinlich daran, daß die Grundlagen dieser Theorie noch aus den frühen sechziger Jahren stammen - einer stark vom Keynesianischen Denken geprägten Epoche mit erheblichen Kapitalverkehrskontrollen, in der auch die Geldpolitik eine eher untergeordnete Rolle spielte.

Mehr geldpolitische Autonomie durch die Supra-Nationalität der EZB

Wichtig erscheint hier zunächst ein polit-ökonomisches Argument. Auch wenn eine Notenbank durch ihre Verfassung unabhängig von der allgemeinen Wirtschaftspolitik ist, bleibt nicht aus, daß die Politiker fortlaufend den Versuch unternehmen werden, auf die eine oder andere Weise Druck auf die Notenbankspitze auszuüben. Solche Pressionen sind zweifellos umso erfolgreicher, je kleiner ein Währungsraum ist. Würde man beispielsweise für jedes deutsche Bundesland eine eigenständige Notenbank errichten, hätte die Landesregierung zwangsläufig einen recht starken (informellen) Einfluß auf die Geldpolitik, da alle geldpolitischen Entscheidungsträger von ihr ernannt worden sind. Auf den Zentralbankrat der Deutschen Bundesbank kann die Regierung eines deutschen Bundeslandes jedoch kaum noch politischen Druck ausüben, da von ihr allenfalls noch eines der insgesamt siebzehn Mitglieder des Zentralbankrates[4] nominiert wird. Zudem müssen sich die Interessen eines einzelnen Landes keinesfalls mit denen der anderen fünfzehn Bundesländer decken.

Bei einer Europäischen Zentralbank würde dieser Abschirmungseffekt noch weiter verstärkt. Jetzt reduziert sich auch das Gewicht der einzelnen nationalen Regierungen. Selbst wenn sich der im EZB-Zentralbankrat vertretene Notenbank-Gouverneur eines Landes – pflichtwidrig - an Weisungen seiner Regierung gebunden fühlte, wäre sein Spielraum zur Umsetzung solcher nationaler Interessen äußerst gering. Die Supranationalität der EZB bringt somit eine „Entnationalisierung des Geldes" mit sich, die eine sehr wirksame Abschirmung der geldpolitischen Entscheidungsprozesse vor politischen Pressionen erlaubt.

Stabilere Wirkungszusammenhänge sprechen für eine gemeinschaftliche Geldpolitik

Die Effizienzgewinne, die die Währungsunion für die Geldpolitik bewirkt, erstrecken sich darüber hinaus auch auf die konzeptionelle Umsetzung des im Maastrichter Vertrag vorgegebenen Ziels der Geldwertstabilität.

Entscheidend ist hier die Frage, ob man ein stabiles Preisniveau in Europa eher durch eine gemeinschaftliche Geldpolitik erreichen kann oder durch ein Nebeneinander unabhängiger nationaler Notenbanken. Wiederum bietet sich die Analogie zu einem föderativen Staat wie der Bundesrepublik Deutschland an. Warum sollten nicht die einzelnen Landeszentralbanken versuchen, für ihre Region gleichsam im Alleingang Geldwertstabilität zu verwirklichen? Die Antwort hierauf ist relativ einfach. Es steht außer Zweifel, daß alle Regionen Deutschlands ein hohes Maß an finanzieller Integration aufweisen:

- Viele der in einem einzelnen Bundesland ansässigen Geschäftsbanken sind innerhalb des gesamten Bundesgebietes aktiv.
- Die in einem Bundesland beheimateten Bürger und Unternehmen können ihre finanziellen Aktiva bei Geschäftsbanken in anderen Bundesländern halten und ihre Guthaben jederzeit völlig frei innerhalb Deutschlands transferieren.

Daher könnte eine regionale Notenbank nur sehr schwer jene Geldbestände erfassen und kontrollieren, die für die realwirtschaftlichen Transaktionen innerhalb ihres Einflußbereichs verwendet werden. Zudem dürfte der Zusammenhang zwischen den regionalen Geldbeständen und der regionalen Wirtschaftsaktivität nicht sehr stabil sein, da er immer wieder durch erhebliche Verlagerungen der einzelnen Bundesländer gestört würde. Bei unabhängigen Währungen der einzelnen Bundesländer wäre insbesondere mit größeren spekulativen Kapitalbewegungen auch innerhalb Deutschlands zu rechnen. Mit einer für den integrierten Finanzraum Deutschland allein zuständigen Bundesbank entfallen alle Probleme dieser Art. Somit steht außer Zweifel, daß die „Geldnachfrage“ - d.h. der Zusammenhang zwischen den Geldbeständen und der wirtschaftlichen Aktivität - für Deutschland stabiler sein dürfte als für jedes seiner Bundesländer.[5]

In der Europäischen Union geht die Entwicklung eindeutig in die Richtung einer sehr intensiven finanzwirtschaftlichen Integration. Mit dem Binnenmarktprogramm, das den Banken eine uneingeschränkte Tätigkeit innerhalb der EU ermöglicht, ist Europa in dieser Hinsicht sogar bereits weiter entwickelt als die Vereinigten Staaten, wo nach wie vor Beschränkungen für die überregionale Geschäftstätigkeit von Kreditinstituten bestehen. Mehrere empirische Studien, die Anfang der neunziger Jahre erstellt wurden, zeigen, daß in Europa schon zu diesem Zeitpunkt ein besserer (statistischer) Zusammenhang zwischen der Geldmenge und der wirtschaftlichen Aktivität bestand als auf der Ebene seiner Nationalstaaten.

Die Stabilität solcher Wirkungszusammenhänge ist eine entscheidende Voraussetzung für eine mittelfristig ausgerichtete Geldpolitik, bei der das Ziel der Preisniveaustabilität über eine Steuerung der Geldmenge erreicht werden soll. Es ist daher zu erwarten, daß Geldwertstabilität in einem integrierten europäischen Finanzraum eher durch eine einheitliche Geldpolitik der Europäischen Zentralbank verwirklicht werden kann als durch ein Nebeneinander von vierzehn unabhängigen nationalen Notenbanken.

Mini-Currency-Union oder große EWU?

Seit dem Europäischen Rat von Madrid (Dezember 1995), auf dem mit der Einigung auf das Übergangsszenario die Einführung einer gemeinsamen europäischen Währung, des Euro, definitiv auf den Instanzenweg gebracht worden war, weisen führende EU-Politiker immer häufiger und mit Nachdruck darauf hin, daß die Europäische Währungsunion, die das embryonale Stadium der ersten WWU-Stufe längst verlassen hat und nun als Foetus in der zweiten WWU-Stufe ihrer Geburt entgegenfiebert, nicht nur ein wirtschaftliches Projekt ist, sondern auch und vor allem ein eminent politisches Unterfangen.

Doch weder diese oder eine ähnlich lautende und, wie gesagt, seit dem Ratsgipfel von Madrid von nahezu allen führenden EU-Politikern getätigte Aussage noch einige unmißverständliche und gar nicht fehlzuinterpretierende politische Zeichen wie die gerade noch fristgerechte Wiederaufnahme Italiens in das Europäische Währungssystem (EWS) haben nicht einmal die National- und Notenbankchefs in den einzelnen EU-Mitgliedstaaten und die Chefökonomen der führenden europäischen Kreditinstitute, von denen man noch am ehesten eine kritische, wo nicht eine avertierend-monierende Reaktion erwartet hätte, richtig aufhorchen lassen. Vor allem die Chefvolkswirte der großen europäischen Privatbanken glauben - trotz dieser doch relativ klaren politischen Signale und trotz des politischen Ermessensspielraumes, den sich die EU-Staats- und Regierungschefs sowie ihre Finanzminister sowohl mit den großzügig auslegbaren Konvergenzkriterien als auch mit dem keineswegs unelastischen und drakonischen Stabilitätspakt gelassen haben, - nach wie vor daran, daß die Europäische Währungsunion als Kernunion bzw. als sogenannte *Mini-Currency-Union* starten wird.

Ich hingegen bin der Meinung, daß an der vertragsgemäß am 1. Januar 1999 beginnenden Währungsunion nicht nur sechs bis acht EU-Länder teilnehmen werden, sondern neun oder gar zehn Mitgliedstaaten der Europäischen Union. Um diese Aussage argumentativ zu untermauern, stütze ich mich zuerst einmal auf die u.a. auch von Wilhelm Hankel, einem der engsten Berater des ehemaligen deutschen Finanzministers Karl Schiller, vertretene These der relativen Sinnlosigkeit einer *Mini-Currency-Union*.

Hierzu einige Anmerkungen. Die meisten der potentiellen Mitglieder einer *Mini-Currency-Union* orientieren sich schon seit Jahren an der D-Mark und haben dadurch bereits eine „*De-facto*-Währungsunion". Desweiteren könnte eine *Mini-Currency-Union* durchaus einen (nach außen hin) zu starken Euro zur Folge haben. Dies würde sich negativ auf die Exportwirtschaft der Euro-Länder und folglich auch auf deren Arbeitsmarkt auswirken. Eine *Mini-Currency-Union* würde ebenfalls zu einem gewissen institutionellen Ungleichgewicht innerhalb der EU führen. Die quantitativ kleinere Gruppe der Teilnehmerstaaten an einer *Mini-Currency-Union* müßte - bei konjunkturellen Problemen in den Ländern, die nicht an der Währungsunion teilnehmen - einer quantitativ größeren Staatengruppe finanziell unter die Arme greifen. Dies könnte zu einer gefährlichen Belastung für die Teilnehmer an einer *Mini-Currency-Union* werden.

Der zweite Tragbalken, auf dem meine Hypothese basiert, ist das deutlich erkennbare, weil auch latent vorhandene Primat der Politik in allen EWU-Fragen.

Auch zu diesem Aspekt ein paar Bemerkungen. Der Europäische Rat, dessen Mitglieder ausschließlich Politiker sind, ist in allen EWU-Fragen das höchste Entscheidungsgremium. Hinzu kommt, daß im Maastrichter Vertrag ein gewisser Spielraum geboten ist für eine relativ großzügige Auslegung der Konvergenzkriterien durch die Politik. Darüber hinaus können einige Entwicklungen in der rezenten Geschichte des Europäischen Integrationsprozeßes als deutliche Zeichen dafür gewertet werden, daß die Europäische Währungsunion als ein primär politisches Unterfangen zu betrachten ist. So läßt sich seit dem Europäischen Rat von Madrid (Dezember 1995) bei einem der insgesamt fünf Konvergenzkriterien eine deutliche Hegemoniestellung feststellen, die den Schluß zuläßt, die Staats- und Regierungschefs der Europäischen Union würden ihre „so früh wie möglich im Jahre 1998" zu treffende Entscheidung über die für die Endrunde der Europäischen Währungsunion qualifizierten EU-Mitgliedstaaten einzig und allein am Kriterium des Haushaltsdefizites festmachen wollen, so als ob andere, zumindest ebenso wichtige Kriterien, nur noch eine untergeordnete bzw. überhaupt keine Rolle mehr spielen würden (z.B. das Kriterium der Staatsverschuldung). Ferner ist auch die bereits erwähnte Wiederaufnahme Italiens in das Europäische Währungssystem m.E. ein recht deutlicher Hinweis dafür, daß bei der Auswahl der EU-Mitgliedstaaten, die von Anfang an bei der Europäischen Währungsunion dabei sein werden, von der im Maastrichter Vertrag prophylaktisch eingebauten und präventiv vorgesehenen Flexibilität ausgiebig Gebrauch gemacht werden wird.

In diesem Zusammenhang sei ebenfalls darauf hingewiesen, daß auch die folgenden peri-politischen Gesichtspunkte durchaus eine Rolle spielen könnten, wenn im Frühjahr 1998 die EU-Mitgliedstaaten auserkoren werden, die in einer ersten Phase an der Europäischen Währungsunion teilnehmen können:

1. Die Mitgliedschaft in der Währungsunion bzw. in der ersten Gruppe, die an der EWU teilnimmt, ist für jeden EU-Mitgliedstaat eine große Prestige-Frage, die einige Länder dazu verleiten könnte, „gezinkte“ Bilanzen für das Jahr 1997 vorzulegen, nur um den Anforderungen der Stabilitätsapostel gerecht zu werden und ihre Eintrittskarte für die Teilnahme an der EWU zu erlangen.
2. Wegen der angestrebten EU-weiten Akzeptanz des Euro sollte wenn möglich jeder geographische Teil bzw. jede Ländergruppe von Anfang an in der Währungsunion „vertreten“ sein.
3. Die Europäische Union ist (auch) eine Solidargemeinschaft. Beim Entscheid über die EWU-Teilnehmer könnte, wie bisher, also durchaus das Prinzip gelten: „in dubio pro reo - im Zweifelsfalle für den Angeklagten“.

Die EWU als primär politisches Unterfangen

Die Allgegenwärtigkeit der politischen Komponente

Obwohl die Schaffung einer Währungsunion - ob sie nun von zwei Staaten realisiert wurde oder von fünfzehn Staaten ins Auge gefaßt wird - sowohl aus wirtschaftswissenschaftlicher als auch aus finanztechnischer Sicht eigentlich ausschließlich ein rein wirtschaftliches Unterfangen ist, so kann doch nicht geleugnet werden, daß auch der Politik bei solch einem geld- bzw. währungspolitischen Regimewechsel eine gewisse Rolle zukommt. Ohne den Willen der politischen Entscheidungsträger wären weder die Union Economique Belgo-Luxembourgeoise (UEBL) noch die deutsche Währungsunion zustande gekommen.

Auch die Europäische Währungsunion wäre ohne den Willen bzw. das Zutun der Politiker nie in die Wege geleitet worden. Als geistiger Wegbereiter gemeinsamer Währungen hat die Politik demnach durchaus ihre Daseinsberechtigung. Inwieweit ihr ebenfalls eine Rolle bei der rein technischen Umsetzung bzw. Abwicklung eines solchen Unterfangens zukommt, ist eine Frage, bei der sich die Geister, vor allem die politischen und die finanztechnischen, scheiden.

Wenn es aber um die Beantwortung der Frage geht, wem bei der Schaffung bzw. der Einführung einer gemeinsamen Währung in mehreren Staaten der Vorrang und die Hauptverantwortung zukommen, den Politikern oder den Volkswirten, dann dürfte die Rangfolge für jeden vernünftig denkenden und pragmatisch veranlagten Laien in Sachen Nationalökonomie schnell feststehen:

Vorrang sollten die Experten, also die Nationalökonomen, haben. Bei dem spätestens auf dem Europäischen Rat von Dublin (Dezember 1996) nunmehr definitiv auf die Schienen gebrachten Projekt „Europäische Währungsunion“ aber gibt es ein eindeutiges Primat der Politik.

Doch auch in Währungsfragen ist ein Primat der Politik *per se* noch keineswegs eine von vornherein schlechte Alternative. Bedenklich, wo nicht gefährlich wird die Angelegenheit erst dann, wenn aus dem Primat ein Exklusiv-Mitsprache- und Mitbestimmungsrecht wird. Dies aber ist bei dem EWU-Vorhaben der Fall: aus dem Primat der Politik ist innerhalb weniger Jahre eine Omnipräsenz der politischen Komponente geworden, die sowohl eine objektive Einschätzung der aktuellen Lage als auch eine mehr oder weniger adäquate Zukunftsplanung für Dritte in Bezug auf die Einführung des Euro nahezu unmöglich macht.

Omnipräsenz und Omnipotenz des Europäischen Rates

Diese Omnipräsenz der politischen Komponente im EWU-Vorhaben läßt sich sehr leicht anhand folgender Beispiele nachweisen:

Der Europäische Rat, also eine ausschließlich aus Politikern bestehende EU-Institution, ist nach wie vor das höchste Entscheidungsgremium in Sachen Europäische Währungsunion.

1. Der Europäische Rat verabschiedete im Dezember 1991 die Maastrichter Konvergenz- und Stabilitätskriterien, die garantieren sollen, daß nur EU-Mit-

gliedstaaten mit ganz solider Haushaltsbasis an der EWU teilnehmen dürfen.

2. Der Europäische Rat wird auf Basis von Ist-Daten des Jahres 1997 „so früh wie möglich im Jahre 1998" mit qualifizierter Mehrheit darüber entscheiden, welche EU-Länder an der Währungsunion teilnehmen werden und welche nicht.
3. Der Europäische Rat befindet im Rahmen des im Dezember 1996 in Dublin beschlossenen fiskalpolitischen Stabilitätspaktes darüber, ob die Stabilitäts- bzw. Haushaltssünder sanktioniert werden oder aber „straffrei“ ausgehen.

Beim Entscheid über die EWU-Teilnehmer ist der Europäische Rat Staatsanwalt und Richter zugleich. Die Ist-Daten des Jahres 1997, die den Mitgliedern des Europäischen Rates als Entscheidungsgrundlage dienen sollen, werden von den einzelnen Ratsmitgliedern selbst geliefert bzw. eingereicht. Hinzu kommt, daß es in jedem EU-Mitgliedstaat seit jeher offizielle und inoffizielle (= wirklich reelle) Ist-Daten für den zu erstellenden nationalen Jahreswirtschaftsbericht gibt, von denen jeweils nur die offiziellen nach außen hin bekanntgegeben werden. Desweiteren liegen, gerade in größeren Ländern, die gesamten wirtschaftlichen Daten des Vorjahres niemals schon integral im ersten Trimester des darauffolgenden Jahres vor. Wenn der Europäische Rat aber, wie geplant, „so früh wie möglich im Jahre 1998" seine Entscheidung über die EWU-Teilnehmer treffen soll, dann gibt es eigentlich nur zwei Möglichkeiten:

- entweder der Rat entscheidet so früh wie möglich im Jahre 1998 auf der Basis von inkompletten Daten,

- oder aber der Rat entscheidet zu einem etwas späteren Zeitpunkt im Jahre 1998 auf der Grundlage von dann mehr oder weniger vollständig vorliegenden Ist-Daten aus dem Jahre 1997.

Fest steht, daß die Entscheidung in jedem Falle im ersten Semester des Jahres 1998 - also unter dem EU-Ratsvorsitz Großbritanniens (was die Sache sicher nicht einfacher macht - außer vielleicht für die Briten selbst) - fallen muß. Eine Verschiebung der Entscheidung auf das zweite Semester des Jahres 1998 käme besonders der deutschen Regierung sehr ungelegen, da im Oktober 1998 Bundestagswahlen sind. Der deutsche Bundeskanzler und auch sein Finanzminister werden demnach alles daran setzen, damit die Entscheidung über die EWU-Teilnehmer früh genug im Jahre 1998 fällt, damit das Thema „Euro" nicht zum alleinigen Hauptthema des Wahlkampfes in der BRD wird. Sollte - aus welchen Gründen auch immer - keine Entscheidung über die EWU-Teilnehmer im ersten Halbjahr 1998 fallen, so könnte dies m.E. eine - wenn auch nur leichte - Verschiebung der Einführung des Euro implizieren.

Da aber, wie fast alle führenden EU-Politiker *unisono* behaupten, eine Terminverschiebung nicht in Frage kommt bzw. der Starttermin 1. Januar 1999 strikt eingehalten werden soll, deutet alles darauf hin, daß die Entscheidung über die EWU-Teilnehmer wohl auf der Basis von mehr oder weniger unvollständigen Wirtschaftsdaten aus dem Jahre 1997 genommen werden wird - was einer recht generösen Interpretation der Konvergenzkriterien nahezu gleichkommt.

Fazit: Bisher hat der Europäische Rat immer wieder deutlich unterstrichen, daß er jederzeit zu Konzessionen bereit ist, wenn es darum geht, dem allem übergeordneten Ziel (= Verwirklichung der EWU) einen weiteren Schritt näherzukommen. Sowohl im Dezember 1991 in Maastricht (Verabschiedung der Konvergenzkriterien) als auch im Dezember 1996 in Dublin (Stabilitätspakt) wurden die Positionen der ohnehin die absolute Minderheit bildenden EU-Mitgliedstaaten mit unbeugsamer Stabilitätsdoktrin jeweils vom Europäischen Rat dahingehend revidiert, daß alle Elemente, die eine wirkliche Stabilitätspolitik garantiert hätten, so verwässert und abgeschwächt wurden, daß eine EWU-Teilnahme für möglichst alle EU-Staaten zu keinem Verhandlungszeitpunkt ein Ding der Unmöglichkeit war - und das nur, um das Projekt „EWU" politisch nicht zu gefährden.

Der Europäische Rat ist demnach selbst verantwortlich für die nicht nur von EWU-Gegnern heftig kritisierte Flickschusterei der Europäischen Union in Bezug auf die Schaffung von Garantien für die Stabilität des Euro.

Unter Berufung auf die bisher gemachten Reflexionen gehe ich mit relativ fester Überzeugung davon aus, daß der Europäische Rat gerade im nächsten Jahr (1998), in dem die Entscheidung über die EWU-Teilnehmer fallen soll, seine EWU-Politik nicht ändern wird. Es liegt demnach auf der bisher vom Europäischen Rat befolgten integrations- und währungspolitischen Linie, daß - aus sogenannten „übergeordneten Interessen" (welche das auch immer sein mögen) - von der politischen Seite her die notwendigen Vorkehrungen getroffen werden, um es einigen EU-Mitgliedstaaten, die zwar die Konvergenzkriterien nicht so ganz erfüllen, aus psychopolitischen Gründen jedoch nicht außen vor gelassen werden können, zu ermöglichen, das Kap der Konvergenzkriterien großzügig zu umschiffen.

Dieses Procedere ist zwar volkswirtschaftlich bedenklich, politisch jedoch unumgänglich, denn:

1. Der Europäische Rat muß auch nach dem 1998er EWU-Entscheid funktionsfähig bleiben. Einige sehr pro-europäisch orientierte EU-Staaten, die sich aufgrund der aktuellen Sachlage mehr oder weniger berechtigte Hoffnungen auf eine sofortige Teilnahme an der EWU machen, könnten bei einem negativen Entscheid des Europäischen Rates bezüglich ihrer EWU-Teilnahme einen derart großen Demotivationsschub erleben, daß ihre bisher äußerst hohe Bereitschaft zu konstruktiver Kooperation in allen EU-Bereichen drastisch sinken würde. Dies würde sich natürlich sehr negativ auf die Weiterführung des Integrationsprozesses auswirken. Hinzu kommt, daß gerade diese Länder (sprich: Italien, Portugal und Spanien) insbesondere in den letzten Jahren enorme Anstrengungen gemacht haben, um ihr jeweiliges Haushaltsdefizit auf die vom Maastrichter Vertrag geforderte Maximalnorm von 3 Prozent zu reduzieren.

   Da die gemachten Anstrengungen, gerade in Portugal und Spanien, mehr oder weniger zu dem angestrebten Ergebnis (= drastische Reduzierung des Budgetdefizites) geführt haben, käme eine strikte Einhaltung der Konvergenzkriterien, die schlußendlich doch eine Nicht-Teilnahme dieser Länder an der EWU zur Folge hätte, quasi einer Bestrafung gleich, welche diese Staaten nicht nur zutiefst in ihrem nationalen Ehrgefühl treffen würde, sondern dort auch eine euro-pessimistische, um nicht zu sagen anti-europäische Stimmung entfachen würde, die dann auch auf andere EU-Staaten, die nicht von Anfang an an der EWU teilnähmen, übergreifen könnte. Einer solchen Gefahr wird sich der Europäische Rat nicht aussetzen wollen, zumal ja die meisten Mitglieder dieses Gremiums felsenfest davon überzeugt zu sein scheinen, daß man monetäre Probleme leichter in den Griff bekommt als das anti-europäische Gehabe von Millionen von EU-Bürgern, denn: zum Lösen von Stimmungsproblemen ist man auf den *goodwill* der Bürger angewiesen; monetäre Probleme aber löst man am Konferenztisch hinter verschlossenen Türen.

2. Alle Ratsentscheidungen sind Kompromisse. Auch bzw. gerade in der Europäischen Union ist Demokratie ein Schönwettergeschäft. Verhalten sich einige Staaten (besonders solche, in denen Geldwertstabilität als Dogma gilt) beim Entscheid über die Namen der EWU-Teilnehmer in den Augen anderer EWU-Prätendenten „undemokratisch", so werden die EU-Staaten, welche sich als die Leidtragenden dieses angeblich undemokratischen Verhaltens fühlen werden, bei anderen wichtigen EU-Entscheidungen ihre demokratische Kooperationsbereitschaft verweigern (*Bargaining*-Prinzip).

Unter Berücksichtigung der zukünftigen Funktionsfähigkeit des Europäischen Rates und des Erhaltes seiner Kompromißfähigkeit wage ich zu behaupten, daß es bei der „so früh wie möglich im Jahre 1998" vom

Europäischen Rat zu treffenden Entscheidung über die EWU-Teilnehmer zu einer *Global-Package*-Lösung nach dem „*Do-ut-des*-Prinzip" kommen wird.

Die Tatsache, daß einige führende EU-Politiker darauf drängen, die Regierungskonferenz zur Revision des Maastrichter Vertrages baldmöglichst (d.h. im Juni 1997) zu beenden, auch wenn sie dann nicht zu den gewünschten Ergebnissen führen wird, unterstreicht, daß sich einzelne Mitglieder des Europäischen Rates durchaus der Gefahr bewußt sind, die parallele Verhandlungen - zum einen die Revision des Maastrichter Vertrages, zum anderen die Diskussion über die zukünftigen EWU-Teilnehmer - beinhalten. Durch den anvisierten Abschluß der Regierungskonferenz im Juni 1997 kann vermieden werden, daß verschiedene EU-Mitgliedstaaten ihre Lage hinsichtlich einer EWU-Teilnahme verbessern könnten, indem sie ihre Kooperationsbereitschaft bei der Regierungskonferenz von der Flexibilität abhängig machen könnten, die ihnen im Rahmen der EWU-Diskussion von ihren EU-Partnern entgegengebracht würde.

Nichtsdestotrotz wäre es naiv und z.T. auch unverantwortlich, von der Prämisse auszugehen, die Diskussion über die *ab initio* an der EWU teilnehmenden Staaten würde in einem politisch luftleeren Raum stattfinden. Ich bin fest davon überzeugt, daß die EWU-Frage an die Diskussion über die Überprüfung des Finanzierungssystems der EU gekoppelt wird. Im Klartext: EWU-Teilnahme, Santer-Paket I und Reform der Gemeinsamen Agrarpolitik (GAP) werden nicht unabhängig voneinander diskutiert werden. Und mitdiskutiert wird dann wohl auch die Neuverteilung der Finanzressourcen innerhalb des Struktur- und Regionalfonds.

Ein revidierter Terminkalender?

Der im Maastrichter Vertrag vorgesehene Starttermin für die Europäische Währungsunion (1. Januar 1999) wird ohne Wenn und Aber eingehalten. Auch eine nur leichte Verschiebung des Starttermins (auf den 1. Juli etwa), die dann notwendig wäre, wenn die Entscheidung über die Teilnehmer an der EWU auf später verschoben würde (also nicht „so früh wie möglich im Jahre 1998" fallen würde) kann zum jetzigen Zeitpunkt nicht mehr als realistisches Szenario angesehen werden.

Die Entscheidung über die EWU-Teilnehmer wird vermutlich Ende April 1998 auf einem Sondergipfel des Europäischen Rates (an dem voraussichtlich auch die EU-Finanzminister teilnehmen werden) in Großbritannien (weil die Briten im ersten Semester 1998 den EU-Ratsvorsitz haben) fallen, so daß die Europäische Währungsunion fristgerecht am 1. Januar 1999 beginnen kann.

Das Festhalten am Starttermin ist, wie bereits erwähnt, deswegen so wichtig, weil dieser Starttermin in einem völkerrechtlichen Vertrag festgeschrieben ist und weil eine - nach der Ablehnung des Werner-Planes - „erneute“ Verschiebung des Beginns der Währungsunion verheerende monetäre und politische Folgen hätte (drastischer Anstieg des DM-Kurses und Verschiebung des EWU-Projektes auf den Sankt-Nimmerleins-Tag).

Da das strikte Festhalten am vertraglich festgelegten Starttermin quasi zu einem „politischen Dogma“ geworden ist - und das zu einem Zeitpunkt, wo schon abzusehen ist, daß, bei einer sehr restriktiven Interpretation der Konvergenzkriterien, nur ein einziges und dazu noch das kleinste EU-Mitgliedsland (nämlich Luxemburg) die Maastricht-Kriterien bis zum Stichdatum (Ende 1997) erfüllen wird, - so muß davon ausgegangen werden, daß die Konvergenzkriterien am „Auswahltag“ im April 1998 nicht *à la lettre* interpretiert werden können, zumal wahrscheinlich auch das EU-Land mit der wohl unbeugsamsten Stabilitätsdoktrin (Deutschland) ein genuines Interesse daran haben könnte, daß die - ohnehin sehr willkürlichen - Konvergenzkriterien etwas generöser ausgelegt werden.

Aus der Logik dieser Prämissen könnte sich durchaus folgendes, rein hypothetisches Szenario ergeben:

Ende April 1998	- Determinierung einer ersten Gruppe von EU-Ländern, die an der EWU teilnehmen, - Festlegung weiterer „Bilanzprüfungstermine“, die automatisch auch die Festlegung neuer Termine für die technische Umsetzung der zukünftigen politischen Entscheidungen impliziert,
Frühjahr 1999	- zweiter Prüfungstermin der wirtschaftlichen Ist-Daten (Grundlage: das Budgetjahr 1998)
Frühjahr 2000	- dritter und vermutlich letzter Prüfungstermin der wirtschaftlichen Ist-

Daten (Grundlage: das Budgetjahr 1999).

Demnach würde - auch mit Rücksicht auf die Bundestagswahlen im Oktober 1998 - die EWU mit jenen EU-Ländern beginnen, die im Jahr 1997 die Konvergenzkriterien (bei einer an die realwirtschaftlichen Gegebenheiten adaptierten Interpretation) erfüllen. Die nicht von Anfang an teilnehmenden EU-Staaten erhielten also eine zweite bzw. dritte Chance, sich vor dem Jahr 2002 für die EWU zu qualifizieren, so daß die Europäische Währungsunion dann tatsächlich als „große EWU" beginnen kann.

Qualifizierte Mehrheit versus Sperrminorität

Dieses, wie gesagt, rein hypothetische Szenario hat allerdings einen Haken. Die EU-Staats- und Regierungschefs werden ihre Entscheidung, welche EU-Mitgliedstaaten *ab initio* an der EWU teilnehmen werden und welche nicht, mit qualifizierter Mehrheit nehmen.

Qualifizierte Mehrheit bedeutet: 62 von insgesamt 87 Stimmen, die folgendermaßen auf die einzelnen EU-Mitgliedstaaten verteilt sind: Deutschland, Frankreich, Italien und Großbritannien (je 10 Stimmen), Spanien (8 Stimmen), Belgien, Niederlande, Portugal und Griechenland (je 5 Stimmen), Österreich und Schweden (je 4 Stimmen), Dänemark, Irland und Finnland (je 3 Stimmen) und Luxemburg (2 Stimmen). Die sogenannte Sperrminorität liegt demnach bei 26 Stimmen.

Die südeuropäischen Weichwährungsländer Italien, Spanien, Portugal und Griechenland, die unkorrekterweise und im Gegensatz zu den skandinavischen EU-

Mitgliedstaaten stets als ein „Länder-Block" betrachtet werden, wenn über die an der Währungsunion teilnehmenden EU-Staaten gesprochen wird, stellen aufgrund der Stimmengewichtung im EU-Ministerrat eine solche Sperrminorität dar. Läßt der Europäische Rat bei seiner Entscheidung über die *ab initio* an der EWU teilnehmenden Staaten sämtliche mediterranen Länder außen vor, dann besteht das (rein theoretische) Risiko, daß diese den Eintritt in die dritte Stufe der Währungsunion *„en bloc"* verhindern (Italien, Spanien, Portugal und Griechenland haben zusammen 28 Stimmen, also zwei mehr als für eine Sperrminorität nötig).

Auch Großbritannien könnte mit einem der beiden stimmgewichtigen Mittelmeerstaaten (Italien oder Spanien) und den beiden anderen südeuropäischen EU-Staaten (Portugal und Griechenland) eine Sperrminorität bilden. Da aber Großbritannien im ersten Halbjahr 1998, in dem ja die Entscheidung über die EWU-Teilnehmer fallen soll, den EU-Ratsvorsitz hat, wird es wohl eher mit dem guten Beispiel vorangehen (müssen) und sich, statt zu blockieren, auf die Seite der um eine qualifizierte Mehrheit ringenden EU-Staaten schlagen.

Um das Risiko einer Blockierung des Eintrittes in die dritte Stufe der Währungsunion auf ein absolutes Minimum zu reduzieren, müßte der Europäische Rat eigentlich einen der beiden großen südeuropäischen EU-Mitgliedstaaten (Italien bzw. Spanien) und - um ganz sicher zu gehen - auch eines der beiden kleineren mediterranen Länder (Portugal bzw. Griechenland) *ab initio* an der EWU teilnehmen lassen. Da Griechenland als potentieller Kandidat von vorneherein ausscheidet, und die wirtschaftlichen Ist-Daten Italiens eine sofortige Teilnahme der Italiener als eher unwahrscheinlich erscheinen lassen, könnten die ausgewählten „Club-Med-Länder“ für eine sofortige Teilnahme an der EWU durchaus Spanien und Portugal heißen, zumal deren Wirtschaftsdaten eine EWU-Mitgliedschaft eher zulassen würden als die wirtschaftlichen Ist-Daten des EG-Gründungsmitglieds Italien.

Doch wie meinte jüngst ein hoher Beamter der Europäischen Kommission: „Die Politiker haben eine ganz eigenartige Auffassung von Konvergenz - es würde mich nicht wundern, wenn die aus der wirtschaftlichen Gesamtsituation Italiens ein *Must* für die Teilnahme der Italiener an der EWU machen würden.“ Hält man sich einmal vor Augen, daß Italien Mitglied des G-7 ist und somit zu den sieben reichsten Industrienationen der Welt gehört (zumindest auf dem Papier), dann bleibt den Politikern genügend Argumentationsstoff, um die Aufnahme Italiens in die erste Gruppe der an der Währungsunion teilnehmenden EU-Staaten auch nach außen hin zu rechtfertigen. Auch aus psychologischen Gründen wird es sehr schwer sein, Italien vorerst auf die Wartebank der „Pre-ins“ zu setzen, wenn Spanien und Portugal sofort Einlaß in das Heiligtum EWU erhalten.

Neben den sieben „gesetzten“ Kandidaten (Deutschland, Frankreich, Benelux-Länder, Österreich und Irland) und dem m.E. ebenfalls *ab initio* teilnehmenden EU-Mitglied Finnland, die zusammen 42 von insgesamt 62 für eine qualifizierte Mehrheit erforderlichen Stimmen aufbringen, würden Spanien und Portugal weitere 13 Stimmen bringen, so daß zum Erreichen der qualifizierten Mehrheit nur noch acht Stimmen fehlen würden, die entweder Großbritannien allein (10 Stimmen) oder aber Griechenland und Schweden (zusammen 9 Stimmen), die beide der EWU zu einem späteren Zeitpunkt beitreten wollen, aufbringen würden.

Nichtsdestotrotz bleibt ein Restrisiko: die sicheren „Outs" Schweden und Griechenland und die „Opt-outs" Dänemark und Großbritannien bilden (wiederum rein theoretisch) auch ohne die 10 Stimmen Italiens eine Sperrminorität. Ohne die Stimmen der „Opt-outs" erreichen die „Outs" und Italien jedoch nicht die zur Bildung einer Sperrminorität erforderliche Stimmenzahl von 26 Stimmen.

Wie werden sich die einzelnen EU-Mitgliedstaaten, und hier insbesondere die, welche nicht als sichere „Ins" gelten, bei der voraussichtlich im April 1998 stattfindenden Abstimmung des Europäischen Rates über die Namen der Länder, die dann Mitglied der Währungsunion werden sollen, wohl verhalten? Von welchen Reflexionen oder Reflexen werden sich die EU-Staats- und Regierungschefs vermutlich leiten lassen, wenn sie ihr Votum über die erste Gruppe der EWU-Teilnehmer abgeben werden? Hierzu einige rein theoretische und ganz persönliche Überlegungen:

1. Da sowohl Dänemark als auch Großbritannien eine EWU-Teilnahme zu einem späteren Zeitpunkt nicht ganz ausschließen, werden sie allein schon deswegen nur einer Teilnehmergruppe zustimmen, die einen starken und stabilen Euro garantiert.
2. Dänemark wird es, genau wie Schweden, noch etwas leichter als ohnehin schon haben, einer EWU-

Teilnehmergruppe zuzustimmen, bei der auch die Skandinavier (durch Finnland) *ab initio* vertreten sind.

3. Spanien und Portugal werden einer EWU, an der zwar Italien teilnimmt, dessen wirtschaftliche Ist-Daten des Jahres 1997 voraussichtlich schlechter sind als ihre eigenen, und bei der sie vorerst noch als „Outs“ oder „Pre-ins“ fungieren werden, nur schwer zustimmen können.
4. Italien wird, ja muß - aus innenpolitischen Gründen - gegen eine EWU stimmen, bei der es selbst nicht von Anfang an dabei ist. Das gleiche gilt wohl, wenn auch nicht in so starkem Maße, für Spanien.
5. Portugal wird sich - als kleines Land und auch im Hinblick auf seinen schnellen EWU-Beitritt - sehr pro-europäisch verhalten und für eine Teilnehmergruppe stimmen, der es selbst nicht angehört.
6. Für den Fall, daß keiner der sogenannten „Club-Med-Staaten“ von Anfang an bei der EWU dabei sein wird, besteht, wie schon gesagt, zumindest das theoretische Risiko, daß die südeuropäischen EU-Staaten *„en bloc“* (also inklusive Griechenland) gegen eine solche EWU stimmen.
7. Damit keine Sperrminorität zustande kommt, müßten Großbritannien, Dänemark, Griechenland und Schweden (die zusammen 22 Stimmen haben) für die „Kernunion der Acht“ votieren. Daß sie das tun, ist sehr wahrscheinlich, weil sie später selbst einmal zur EWU dazustoßen wollen bzw. werden.

Das Risiko einer „Abstimmungs-Blamage“ könnte man trotz allem noch wesentlich stärker reduzieren, indem man, wie schon gesagt, Spanien und Portugal sofort in die erste Teilnehmergruppe aufnehmen würde. Zu den 42 Stimmen der acht sicheren „Ins“ kämen auf diese Weise 13 weitere Stimmen hinzu. In diesem Falle würden dann schon die Stimmen Schwedens und Dänemarks (insgesamt 7 Stimmen) ausreichen, um das erforderliche Quorum von 62 Stimmen zu erreichen.

Acht oder zehn Teilnehmer?

Nachdem der niederländische Premierminister Wim Kok mit seinem Statement „je mehr Länder an der Währungsunion teilnehmen, desto besser“ Mitte Januar den Stein ins Rollen gebracht hatte, haben sich auch andere führende EU-Politiker für eine große EWU ausgesprochen. Dies hat insofern für reichlich Verwirrung gesorgt, als keiner der Politiker näher präzisiert hat, was er denn nun unter einer kleinen bzw. großen Währungsunion versteht.

Die Begriffe „Kern-EWU“ und *„Mini-Currency-Union“* sind einzig und allein als Antonyme zum Begriff „große EWU“ zu verstehen. Mit „Kern-EWU“ bzw. *„Mini-Currency-Union“* ist eine Währungsunion gemeint, an der - neben den Ländern, deren Währungen schon an die D-Mark gekoppelt sind (Österreich, Belgien, Luxemburg und Niederlande), - Deutschland, Frankreich, Irland und wohl auch Finnland teilnehmen (also: eine Währungsunion mit acht Teilnehmern).

Der Parade-Satz aller führenden EU-Politiker lautete stets: „Die Währungsunion wird mit einer Gruppe von sieben bis neun Teilnehmern beginnen.“ Eine Kern-

EWU mit weniger als sieben Teilnehmern wurde eigentlich nie als ernsthafte Alternative ins Auge gefaßt.

Auffallend und interessant ist, daß der Grundtenor in den Reden der EU-Politiker, der seit der Verabschiedung des Maastrichter Vertrages im Dezember 1991 immer der gleiche war („nur die EU-Staaten, welche die Konvergenzkriterien klar erfüllen, dürfen bzw. werden an der Währungsunion teilnehmen"), sich seit kurzem geändert hat. Immer häufiger geht in letzter Zeit die Rede von einer „großen" Währungsunion.

Da jetzt aber schon abzusehen ist,

- daß Italien, trotz Europa-Steuer und anderer Anstrengungen, die Bedingungen für eine EWU-Teilnahme bis zum Stichdatum (Ende 1997) wohl nicht erfüllen wird und damit eigentlich als „Out" bzw. „Pre-in" betrachtet werden muß,
- daß Dänemark und Großbritannien, obwohl sie die Maastricht-Kriterien erfüllen, aller Voraussicht nach in einer ersten Phase nicht an der EWU teilnehmen werden,
- und daß Griechenland und Schweden als sichere „Outs" gelten,

und die Politiker trotzdem noch immer bzw. gerade jetzt in verstärktem Maße von einer großen EWU reden, liegt der Schluß nahe, daß eine Mitgliedschaft Spaniens und Portugals in der ersten Teilnehmergruppe durchaus ernsthaft ins Auge gefaßt wird, zumal die sofortige Teilnahme dieser Länder an der EWU auch das Erreichen der qualifizierten Mehrheit wesentlich erleichtern würde. Auch volkswirtschaftlich gesehen würde eine sofortige EWU-Teilnahme von Portugal und Spanien (bei zeitlich nur leicht verschobenem Nachrücken Italiens) durchaus Sinn machen. Vor allem Frankreich dürfte ein genuines Interesse an einer Sofort-Teilnahme Spaniens und Portugals an der EWU haben. Das gleiche gilt für Österreich, das auch noch Italien am liebsten von Anfang an dabei haben möchte.

Da Spanien und Portugal enorme Anstrengungen unternommen haben, um die Konvergenzkriterien zu erfüllen, und mit ihrer Austeritätspolitik auch beachtliche Erfolge erzielt haben, glaube ich sagen zu dürfen, daß eine Teilnehmergruppe mit Spanien und Portugal (aber ohne Italien!) durchaus als „un groupe dont la crédibilité est acceptable" (J. Santer) gelten kann.

In diesem Zusammenhang ist vor allem folgende Frage von besonderem Interesse: was führt letztendlich zu einer größeren Verunsicherung der Finanzmärkte (die ja auch ihren Teil zur Stärke bzw. Schwäche einer Währung beitragen) - eine *ab initio* große EWU (mit zehn Teilnehmern) oder eine Kern-EWU, von der man weiß, daß sie im Laufe der nächsten Jahre noch um einige Mitglieder erweitert wird? Meines Erachtens birgt eine *ab initio* große EWU weniger Risiken für den Euro als eine Kern-EWU, deren Erweiterung jedes Mal eine durch die Finanzmärkte ausgelöste leichte Abwertung des Euro implizieren würde.

Natürlich ist es zum jetzigen Zeitpunkt „absolut illusorisch", um mit EU-Kommissionspräsident Jacques Santer zu sprechen, über die Namen von Ländern zu spekulieren, die eventuell an der Europäischen Währungsunion teilnehmen könnten. Doch solange nur in Aufsätzen über die Anzahl und Identität der potentiellen EWU-

Teilnehmer und nicht an der Börse gegen die einzelnen Währungen der möglichen Euro-Länder spekuliert wird, gibt es keinen Grund zur Besorgnis. Und wie sagte schon Arthur Schnitzler: „Alle Spekulation, vielleicht alles Philosophieren ist nur ein Denken in Spiralen; wir kommen wohl höher, aber nicht eigentlich weiter, und dem Zentrum der Welt bleiben wir immer gleich fern."

Der stille Verbündete kommender Generationen

Die Europäische Union als ideale Zukunftseinheit

Prolog

„Der Gedanke, Europa als ideale Zukunftseinheit könnte etwa eine Vorstufe zu einer geeinigten Menschheit bedeuten, wird, wie jeder Kosmopolitismus, zur Zeit schroff abgelehnt und ins Reich der poetischen Träume verwiesen."

Der Autor dieser Zeilen ist nicht, wie man ob der Aktualität der gemachten Aussagen vermuten könnte, ein zeitgenössischer Philosoph oder Feuilletonist. Er ist auch kein von Goethes Begriff des Weltbürgertums beeinflußter Integrationsfanatiker, wie man sie gelegentlich im Reich der politischen Tagträumerei antreffen kann. Der Autor dieser Zeilen ist seit fünfunddreißig Jahren tot. Er starb acht Monate nachdem sich der EWG-Ministerrat auf die Grundsätze einer gemeinsamen Agrarpolitik geeinigt hatte. Allerdings hatte er weder speziell etwas mit Agrarpolitik noch ganz allgemein etwas mit Europapolitik zu tun. Er war Schriftsteller, Humanist, Weltbürger - ein Europäer mit deutschem Paß. Sein Name: Hermann Hesse.

Wenn ich ihn hier nun zitiere, so vor allem deswegen, weil er - im Gegensatz zu vielen von uns, die wir ja einen viel direkteren Bezug zu einem geeinten Europa haben bzw. haben müßten, - von der Notwendigkeit des europäischen Integrationsprozeßes überzeugt war, als solche Ansichten und Standpunkte noch gar nicht *en vogue* waren. Wie aktuell Hesses Worte auch heute noch bzw. gerade jetzt wieder sind, soll in den nun folgenden

Ausführungen etwas näher analysiert und erläutert werden.

Wendezeiten sind Krisenzeiten

Die nahende Jahrtausendwende hat nicht nur, wie die letzten Dekaden des 19. Jahrhunderts, die Phantasie einiger zeitgenössischer Schriftsteller und Philosophen beflügelt. Sie hat auch das schöpferische Denken verschiedener namhafter Politologen und Publizisten derart angeregt, daß das bevorstehende *Fin de Millénaire* im Laufe der letzten Jahre zu einer wahren Flut von Büchern zum Thema „Endzeit-Angst" geführt hat. Dem Vorstellungsvermögen und der Erfindungsgabe der einzelnen Autoren scheinen keine Grenzen gesetzt. Während die einen vor dem bevorstehenden „clash of civilisations" warnen, kündigen andere, in bester nihilistisch-defaitistischer Manier, das „Ende der Geschichte" an.

Die Existenz dieser Prophezeiungen, wie György Konrad, allein auf den Bedarf einiger unverbesserlicher Phantasten an apokalyptischen Untergangsvisionen zurückzuführen, reicht nicht aus, zumal vieles von dem, was Autoren wie Jacques Attali, Karl-Dietrich Bracher, Alexander Demandt, Francis Fukuyama, Samuel Huntington oder Alvin und Heidi Toffler in ihren Büchern und Aufsätzen beschreiben, nicht einfach als Humbug oder apokalyptisches Geschwafel abgetan werden kann. Es gibt nämlich durchaus eine plausible und mit Beispielen aus der Geschichte bzw. Geistesgeschichte auch zu belegende Erklärung für dieses Phänomen. Endzeit-Szenarien und Weltuntergangsvisionen sind symptomatische Begleiterscheinungen von Krisen- und historischen Wendezeiten.

Und daß die letzte Dekade vor dem Eintritt ins nächste Jahrtausend in der Tat eine historische Wendezeit ist, werden wohl nur die Ewiggestrigen abstreiten, die den Kollaps des Kommunismus und das Ende der Bipolarität psychisch und mental immer noch nicht verwunden haben. Europa befindet sich in einem Zeitenwechsel. Seit dem Fall der Berliner Mauer durchlebt der „alte Kontinent“ eine Periode des Umbruchs, die zugleich auch eine Phase des Aufbruchs und der Neufindung ist, wenngleich nicht überall in Europa Aufbruchsstimmung herrscht.

Von wegen Krise

Um- bzw. Aufbruchphasen sind vielfach Krisenzeiten, doch von einer „Krise in Europa“ zu reden, hieße die aktuellen politischen Gegebenheiten verkennen und dem wirtschaftlichen Ist-Zustand nicht wirklich Rechnung tragen. Und so muß man dann auch dem Journalisten John Palmer von der englischen Tageszeitung *The Guardian* aufs entschiedenste widersprechen, wenn er - wie u.a. wenige Tage nach dem informellen Gipfeltreffen der EU-Staats- und Regierungschefs auf Mallorca (September 1995) geschehen - behauptet: „The European Union is facing its biggest crisis for more than 25 years“. Europa bzw. die Europäische Union durchlebt derzeit absolut keine Krise, sondern allenfalls eine Periode der wirtschaftlichen Stagnation und der politischen Um- bzw. Neuorientierung.

Boom-Jahre, wie sie die Europäische Union zwischen 1985 und 1989 gekannt und erlebt hat, sind - aus wirtschaftshistorischer Sicht betrachtet - ohnehin die große Ausnahme. Der amerikanische Nationalökonom Samuel Huntington hat wiederholt darauf hingewiesen, daß nicht Boom-Perioden, sondern Stagnation oder gar leichte Rezession die Regel sind.

Von einer wirtschaftlichen Krise in der Europäischen Union kann also nicht gesprochen werden, zumal die Konjunktur im letzten Semester wieder, wenn auch nur leicht, angestiegen ist. Auch von einer politischen Krise in der EU kann nicht die Rede sein, vor allem deswegen nicht, weil auch eine punktuelle Notlage wie die durch den BSE-Skandal ausgelöste Krisis nicht zum befürchteten EU-weiten Flächenbrand bzw. nicht zu einer globalen Integrationskrise geführt hat.

Die meisten EU-Krisen - und wieviel hat es deren seit Beginn des europäischen Integrationsprozeßes schon gegeben! - sind, das wissen nicht nur EU-Insider, die von der Presse herbeigeschriebenen, weil medial enorm gut zu vermarktenden europäischen Krisen, deren angebliche Existenz zu einem guten Teil mit dazu beigetragen hat, daß der Kurs der EU-Aktien an der Börse der europäischen *public opinion* auf ein nicht mehr akzeptables Niveau zurückgegangen ist. Mittlerweile wird fast jede, wenn auch noch so geringe Meinungsverschiedenheit zwischen zwei oder mehreren EU-Mitgliedstaaten von den Medien zu einer EU-Krise hochstilisiert. Nach und nach sind so die Europäische Union für viele zum „Krisengebiet“ und die EU-Ministerratstreffen zu Krisenmanagement-Sitzungen geworden.

Dabei dürfte mittlerweile klar sein, daß die Europäische Union, trotz ihres über vierzigjährigen Bestehens, immer noch ein junges und pubertäres Gebilde auf der Suche nach sich selber ist. Allein schon deswegen sollte nicht jede interne Meinungsverschiedenheit und auch nicht jedes, dazu noch absolut gerechtfertigtes Infragestellen der eigenen Positionen gleich als „Krise (in) der Union" geoutet und gedeutet werden. Angebrachter und sinnvoller wäre es, wenn man erkennen würde, daß die angeblich krisengeschüttelte EU ihre sogenannten „guten Jahre" noch vor sich hat, und die Jeremiaden über gar nicht vorhandene Krisensituationen eigentlich nur die verdeckten Vorboten der sich anbahnenden EU-Blütezeit sind.

Und wer jetzt trotzdem noch von Krisis reden möchte, der sei auf das chinesische Alphabet verwiesen, denn dort hat das Schriftzeichen für Krisis zwei grundverschiedene Bedeutungen. Zum einen bedeutet dieses Zeichen „Chaos", zum anderen „Hoffnung". Hoffnung deshalb, weil Krisen auch immer eine willkommene Gelegenheit zum Umdenken, zum Neubeginn sind. Auch viele amerikanische Manager sehen eine Krise stets als Chance an. Für sie setzt sich das Wort *„crisis"* zusammen aus den Anfangsbuchstaben der Begriffe „change, rethink, innovation, speed-up, improvement, success", also: Wandel, neues Denken, Innovation, Beschleunigung, Verbesserung, Erfolg.

Historische Daten

In der Geschichte jedes Volkes, jeder Nation, jedes Staates und auch jedes Kontinents gibt es einige wenige Daten, die als herausragende Momente dieser Geschichte bezeichnet werden können. Das Revolutions- und Umbruchsjahr 1989 ist, mehr noch als die Jahre 1918 und 1945, ein derartiges epochales Datum in der neueren Geschichte des europäischen Kontinents. Im Jahre 1989 wurde nicht nur durch den Fall der Berliner Mauer die Aufhebung der über vierzig Jahre zuvor in Jalta beschlossenen, künstlichen Teilung Europas eingeleitet. 1989 wurde auch und vor allem ein definitiver Schlußstrich unter einen Weltkrieg gezogen, der *de facto* zwar schon im Mai 1945 zu Ende gebracht worden war, *realiter* aber auf eine wesentlich subtilere Weise von anderen Akteuren fortgeführt wurde.

Im Jahre 1989 ging jedoch nicht nur eine Ära - die des Kalten Krieges - zu Ende. Es wurde auch eine neue Epoche eingeleitet, deren Anfangsjahre allerdings zunächst einmal von tektonischen Veränderungen gekennzeichnet sind, welche die geopolitische Struktur, aber auch die geistige Gestalt des europäischen Kontinents derart ummodeliert haben, daß selbst diejenigen, die wesentlich mit dazu beigetragen haben, diese neue Phase der europäischen Geschichte einzuläuten, heute kaum mehr dazu in der Lage sind, nebst einer kritischen Analyse der jüngsten Ereignisse und Umwälzungen auch ein richtungsweisendes Gesamtkonzept für den derzeit orientierungslos wirkenden Koloß Europa auszuarbeiten.

Gut sieben Jahre nach dem Fall der Berliner Mauer und der durch den Mauerfall ausgelösten historischen

Umwälzungen scheint die Zukunft des ganzen Kontinents unsicherer als je zuvor. Knapp drei Jahre vor dem Eintritt ins dritte Jahrtausend steht Europa, sowohl im Westen als auch im Osten, vor ähnlich gewaltigen Herausforderungen und ebenso großen Aufgaben als nach dem Ende des Zweiten Weltkrieges im Mai 1945. Damals galt es, ein vom Krieg nahezu völlig zerstörtes Europa im wahrsten Sinne des Wortes wieder aufzubauen, völlig marode Wirtschaftssysteme erneut funktionsfähig zu machen und den Menschen, die unsägliches Leid erfahren hatten, ihre Freude am Leben wiederzugeben.

1997

Seit diesem von Bundeskanzler Helmut Kohl als „historisch" bezeichneten Jahr 1989 ist kaum noch ein Jahr vergangen, das aus europapolitischer Sicht nicht genauso ein legitimes Anrecht auf dieses Epitheton, auf diese Bezeichnung hätte. Allein schon deswegen sollte man Vorsicht walten lassen und etwas zurückhaltender sein, wenn man sich über die Bedeutung von Kalenderdaten äußert. Was später tatsächlich noch als historisches Datum gelten gelassen und Bestand haben wird, darüber wird allein der weitere Verlauf der (europäischen) Geschichte bestimmen und richten. Denn, so Victor Klemperer: „Historisch ist, was dauernd im Gedächtnis eines Volkes oder der Menschheit lebt, weil es unmittelbare und dauernde Wirkung auf das Volksganze oder die ganze Menschheit ausübt."

Nichtsdestotrotz muß man wohl jetzt schon all jenen Recht geben, die nicht müde werden, darauf hinzuweisen und zu beteuern, daß gerade das Jahr 1997 ein für die Europäische Union (EU) bzw. für Gesamteuropa extrem wichtiges Jahr ist. Und obwohl dieser Ausspruch binnen weniger Wochen zu einem in nahezu allen Politikerreden verwendeten *locus communis* geworden ist, so kann doch nicht bestritten werden, daß er absolut richtig ist. Das Jahr 1997 wird, ebenso wie die Jahre 1989 (Fall der Berliner Mauer), 1990 (Wiedervereinigung Deutschlands) oder 1991 (Ausarbeitung des Maastrichter Vertrages), ein sehr entscheidendes Jahr sowohl für die zukünftige wirtschaftliche Struktur als auch für die künftige geo- und sicherheitspolitische Gestalt Europas werden.

Ob nun die geplante Erweiterung der NATO die „Hauptfrage des Jahres" sein wird, wie die dänische Tageszeitung *Politiken* unlängst schrieb, oder aber der für Juni geplante Abschluß der Regierungskonferenz zur Revision des Maastrichter Vertrages, spielt in diesem Zusammenhang nur eine untergeordnete Rolle. Denn: Jede der bevorstehenden Entscheidungen wird derart großen Einfluß auf die zukünftige geopolitische Struktur des „alten Kontinents" haben, daß es müßig ist, darüber zu diskutieren, welche denn nun die wichtigste ist.

Rein chronologisch gesehen sind die im Mai stattfindenden Unterhauswahlen in Großbritannien die erste große Entscheidung, die ansteht und deren Ausgang ganz wesentliche Auswirkungen auf die zukünftige Gestalt Europas haben wird. Gewinnt John Major die britischen Parlamentswahlen, werden die Briten wohl kaum Zugeständnisse bei der im Juni stattfindenden Abschlußsitzung der Maastricht-Revisionskonferenz machen; macht der Labour-Kandidat Tony Blair das Rennen, dann besteht zumindest die theoretische Chance, daß die durch den BSE-Skandal noch zusätzlich angeschlagenen, um nicht zu sagen demotivierten Engländer ein wenig Wasser in den für sie ohnehin extrem saueren integrationspolitischen Wein geben.

Das nächste Großereignis von makropolitischer Tragweite ist dann, wie gesagt, der im Juni stattfindende Europäische Rat von Amsterdam, auf dem die am 29. März 1996 in Turin eröffnete Regierungskonferenz, in deren Rahmen der Maastrichter Vertrag revidiert wird, abgeschlossen werden soll und deren Ergebnisse - auch wenn sie den anfänglich sehr hochgeschraubten Erwartungen der Integrationsapostel nicht vollends entsprechen - weitreichende Konsequenzen für die europäische Zusammenarbeit in den kommenden Jahren haben wird, zumal nur sechs Monate nach Abschluß der Regierungskonferenz die Beitrittsverhandlungen mit den mittel- und osteuropäischen Staaten beginnen sollen.

Ganz entscheidenden Einfluß auf die Beitrittsverhandlungen der EU mit den mittel- und osteuropäischen Staaten wird ohne Zweifel auch der im Juli stattfindende NATO-Gipfel haben, auf dem u.a. darüber befunden wird, ob einige (konkret gesprochen drei oder vier) Anwärter auf die NATO-Mitgliedschaft bereits 1999 Vollmitglieder der Transatlantischen Allianz werden können.

Zum Zeitpunkt des NATO-Gipfels wird Luxemburg bereits die EU-Ratspräsidentschaft von den Niederländern übernommen haben, und so wird schon gleich zu Beginn des Luxemburger Ratsvorsitzes ein sehr bedeutendes Ereignis auf der Tagesordnung unseres sechsmonatigen Ratspräsidentschaftskalenders stehen. 1997 ist somit auch aus rein luxemburgischer Sicht ein europapolitisch extrem wichtiges Jahr, denn auch (oder gerade) diesmal, während unseres nunmehr fünften EU-Ratsvorsitzes müssen wir, eben weil wir ein kleiner EU-Mitgliedstaat sind, erneut unter Beweis stellen, daß wir das Vertrauen, das unsere EU-Partner in uns setzen, auch absolut verdienen.

Von der eminent großen Wichtigkeit des Jahres 1997 für die Zukunft Gesamteuropas zu reden, ohne dabei auf seine spezifische Bedeutung für das wohl weitreichendste Projekt der europäischen Integrationsgeschichte, nämlich auf die Europäische Währungsunion hinzuweisen, käme einer mangelhaften Behandlung des gestellten Themas gleich. Obwohl das Jahr 1997 in den einschlägigen Informationsbroschüren über die Währungsunion bzw. über den Euro nahezu nie oder wenn, dann nur in einem Nebensatz erwähnt wird, so ist es doch für die Verwirklichung der Währungsunion von eminenter Bedeutung, denn: die wirtschaftlichen Ist-Daten des Jahres 1997 werden letztendlich (mit) darüber entscheiden, welche EU-Mitgliedstaaten von Anfang an bei der Europäischen Währungsunion dabei sein werden und welche vorerst noch außen vor bleiben müssen.

Die ungewollte zeitliche Komprimierung auf zwölf Monate von so wichtigen Ereignissen wie dem Abschluß der Regierungskonferenz, dem NATO-Gipfel (auf dem über die Osterweiterung der Allianz und, so muß man es auch sehen, die Aufnahme von ehemaligen Feindesländern entschieden werden soll) und dem „Bilanzzeitraum" für die Teilnahme an der Währungsunion machen aus dem Jahr 1997 nicht nur ein hochpolitisches, sondern auch ein europapolitisch hochinteressantes Jahr.

Zukunftsaufgaben für die EU

Überhaupt werden die wenigen Jahre, die vor dem Eintritt ins nächste Jahrhundert noch vor uns liegen, mit die wichtigsten und deswegen wohl auch mit die schwierigsten Jahre in der Geschichte des europäischen Einigungsprozeßes werden. Der europäische Einigungsprozeß ist in der Tat an einem äußerst kritischen Punkt seiner Entwicklung angelangt. Die Europäische Union steht vor weittragenden, inhalts- und folgeschweren Entscheidungen, die nicht nur für die Zukunft der Union, sondern auch und vor allem für die Zukunft des ganzen Kontinents von eminent großer Bedeutung sind. Bis zum Jahr 2000 müssen noch ganz wesentliche Aufgaben in Angriff genommen und auch gelöst werden; gleichzeitig müssen neue Aufgaben für die Zukunft festgelegt werden.

Bei der Determinierung der zukünftigen Aufgaben für die Europäische Union müssen zunächst einmal die gegenüber den Anfangsjahren des Integrationsprozeßes radikal veränderten internationalen und weltpolitischen Rahmenbedingungen neu ausgeleuchtet werden, da einige sehr entscheidende Determinanten der Weltpolitik, allen voran der jahrzehntelange Konflikt zwischen Ost und West, seit dem Beginn der neunziger Jahre ihre Bedeutung als Präge- und Gestaltungskräfte des internationalen politischen Geschehens verloren haben und neue Faktoren die Strategien der Zukunft beeinflußen und bestimmen. Aus europa- bzw. integrationspolitischer Sicht sind vor allem die folgenden Faktoren von relevantem Interesse:

- der unverkennbare Trend zur Globalisierung,
- die Parallelität von integrativen und desintegrativen bzw. aggregativen und desaggregativen Tendenzen,
- das Heranwachsen neuer dynamischer Regionen und Märkte in Südostasien und Lateinamerika
- und die unübersehbaren Erosionen in den politischen Beziehungen zwischen Europa und den USA.

Die Globalisierung der Wirtschaft und der rasante wirtschaftliche Aufschwung verschiedener ost- und südostasiatischer Staaten machen die Verwirklichung der Europäischen Währungsunion dringend erforderlich. Der Reemergenz nationalistischer Strömungen muß durch eine noch stärkere Intensivierung des europäischen Integrationsprozeßes Einhalt geboten werden. Ferner muß die Schaffung der Politischen Union durch die baldmöglichste Realisierung einer gemeinsamen europäischen Außen- und Sicherheitspolitik weiter vorangetrieben werden.

„Agir moins pour agir mieux - weniger, dafür aber besser, gezielter handeln", lautet die Devise von EU-Kommissionspräsident Jacques Santer. Den Versuch wagen und alles daransetzen, um den im Maastrichter Vertrag festgelegten Auftrag einzulösen und die zu Beginn der letzten Dekade unseres Jahrhunderts gesteckten Ziele noch vor dem Eintritt ins 21. Jahrhundert zu erreichen, das ist die prioritäre Aufgabe der heutigen Europapolitik. Sind diese Ziele erst einmal erreicht, kann sich die Europäische Union etwas entspannter und gelassener neuen Aufgabenfeldern zuwenden.

Langzeitziel ist und bleibt ohnehin die Sicherung des Friedens auf unserem Kontinent und die Weiterarbeit an der ständigen Verbesserung der wirtschaftlichen und sozialen Rahmenbedingungen innerhalb der EU, damit auch die kommenden Generationen unter optimalen Voraussetzungen in Europa leben und arbeiten können. Europapolitik ist und bleibt die vernünftigste politische Methode zur Sicherung des Friedens auf dem „alten Kontinent", auch des sozialen Friedens; sie ist darüber hinaus die einzige plausible *façon d'agir*, um das Werk der Gründungsväter fortzusetzen und um das Legat einer durch die Kriegswirren um ihre Jugend gebrachten und vielleicht gerade deswegen so friedliebenden und kosmopolitischen Generation gebührend zu würdigen und in Ehren zu halten. Europapolitik ist die eleganteste Methode der Vergangenheitsbewältigung und zugleich der ideale Weg zur Gestaltung der Zukunft. Die Europapolitik macht die Europäische Union zum stillen Verbündenten der kommenden Generationen.

Frieden durch Integration

Die Gemeinsame Außen- und Sicherheitspolitik und die europäische Sicherheitsarchitektur

Wo stehen wir heute?

Die Ausgestaltung einer Gemeinsamen Außen- und Sicherheitspolitik ist seit ihren Anfängen Thema der europäischen Einigung. Sie sollte Kern und Ziel der politischen Integration sein und die wirtschaftliche Zusammenarbeit stabilisieren. Im letzten Jahrzehnt des ausgehenden 20. Jahrhunderts hat die Europäische Union qualitative Fortschritte bei der Konkretisierung ihrer Außen- und Sicherheitspolitik vollzogen.

In Zeiten zunehmender weltweiter Vernetzung („Globalisierung“) bewegen sich Entscheidungen in diesem Bereich in einem Geflecht oder Abhängigkeitsverhältnis zu anderen Politiken. Die Europäische Union erlebt dieses durch die - noch fortdauernde Trennung - ihrer Säulen im Maastrichter Vertrag. Handelspolitische Entscheidungen der Europäischen Union haben Rückwirkungen auf die außenpolitische Haltung und umgekehrt. Eine Verstärkung des Handels mit einem Land macht keinen Sinn, wenn dort auf der anderen Seite Menschenrechtsverletzungen politisch sanktioniert werden sollen. Zudem wird die Europäische Union als außenpolitischer Akteur nur wahrgenommen, wenn sie in der Lage ist, ihr Handeln zu koordinieren bzw. mit einer Stimme - und dies nicht nur im Rahmen internationaler Organisationen - zu sprechen.

Für die „Theorie" sind diese Begründungen einsichtig: Je mehr Interdependenz vorherrscht, desto höher ist die Wahrscheinlichkeit diese über Integration zu regeln. Aber die Praxis muß bei der Realisierung doch eine ganze Reihe von Unwägbarkeiten überwinden. Dabei war die Entscheidung, Anfang der fünfziger Jahre, den - in dieser Form auf der Welt einmaligen - Versuch einer Integration zu wagen, sicherheitspolitisch motiviert.

Start in die Integration: politische und wirtschaftliche Sicherheit

Das Thema Sicherheit stand in zweierlei Hinsicht am Beginn der Integration:

1. Motiv der europäischen Einigung war und ist, für die Bürger Europas Stabilität und Sicherheit wiederzuerlangen und - was noch schwieriger ist - diese auch *dauerhaft* zu erhalten. Es ging darum, die Lehren aus einer Geschichte von Rivalitäten, Macht- und Verteilungskämpfen zu ziehen und neue Wege in der Politik zu gehen. Die Geschichte der europäischen Einigung ist geprägt von der Suche nach den wirksamsten Instrumenten und Mechanismen für ein friedliches Miteinander von Staaten - vor allem in Situationen, in denen unterschiedliche Interessen aufeinandertreffen. Konflikte sollten nie wieder mit kriegerischen Mitteln ausgetragen, sie sollten unmöglich werden.

   Sicherheit heißt vor allem stabile Verhältnisse schaffen - politisch wie wirtschaftlich. Das Ziel von Integration ist, über gemeinsame Strukturen eine Verknüpfung bzw. Verwobenheit der Mitgliedstaaten untereinander zu erreichen, Beziehungen aufzubauen und damit Vertrauen zu ermöglichen, so daß kriegerische Auseinandersetzungen nicht mehr wahrscheinlich sind.

Zur Lösung politischer Probleme hat man im Laufe der Zeit im Rahmen der europäischen Integration Institutionen und Verfahren ausgebildet und demokratische und rechtsstaatliche Normen gesetzt; ein spezifisches politisches System „EG“ ist entstanden. Die wirtschaftliche Integration ist durch den Binnenmarkt - wenigstens im Großen und Ganzen - vollendet, die Europäische Währungsunion soll nun diesen wirtschaftlichen Pfeiler der Integration stärken und zementieren. Der Ausbau der außen- und sicherheitspolitischen Strukturen dagegen hinkte bisher der Fortentwicklung der Wirtschaftsgemeinschaft hinterher.

2. Dabei wurde die Integration mit der auf dem Schuman-Plan beruhenden Gründung der Europäischen Gemeinschaft für Kohle und Stahl (EGKS) begonnen. Beide für die Herstellung von Kriegswaffen wichtigen Produktionszweige wurden einer gemeinsamen Verwaltung unterstellt. Dies sollte durch eine neue, intensivere Form der Zusammenarbeit zwischen den Staaten Europas möglich werden. Sie ist durch folgende Merkmale gekennzeichnet:

- Es wurden supranationale Organe ausgebildet, welche das gemeinschaftliche Interesse repräsentieren und damit über den nationalen Interessen stehen, wie z.B. die Europäische Kommission und das Europäische Parlament. Die europäische Politik sollte mehr sein als nur die Summe der einzelstaatlichen Interessen; die Interessen der Mitgliedstaaten sollten nicht nur einfach kumuliert werden, sondern es sollte gemeinsam eine europäische Politik betrieben werden.

- Es wurden Verfahren festgelegt, welche eine effiziente Entscheidungsfindung zwischen den Partnern ermöglichen. Im Rahmen dieser Verfahren sollen auch diejenigen Mitgliedstaaten, für die eine gemeinsame Maßnahme nicht erste Priorität hat oder von deren Notwendigkeit sie noch nicht überzeugt sind, für ein solidarisches Handeln aller Mitgliedstaaten gewonnen werden.
- Es entstand eine Rechtsgemeinschaft, welche für die Mitgliedstaaten und deren Bürger Rechtssicherheit gewährleistet. Diese Rechtssicherheit wird durch einen Europäischen Gerichtshof garantiert.

Aber auch die erste große Krise der Integration steht in Zusammenhang mit der Frage, wie Sicherheit zu organisieren ist. Der Impuls für eine Europäische Verteidigungsgemeinschaft (EVG) scheiterte 1954, die NATO wurde und blieb über Jahre die wichtigste sicherheitspolitische Struktur für die westeuropäischen Staaten.

In den sechziger Jahren verstärkte sich die Notwendigkeit für die Mitgliedstaaten, ihre Außenpolitik zu koordinieren und zusammenzuführen. So kam es zur Schaffung der Europäischen Politischen Zusammenarbeit (EPZ), wobei zu Beginn eine strikte Trennung zwischen den Sitzungen der Außenminister im Rahmen der EWG (Allgemeiner Rat) und im Rahmen der EPZ vorgenommen wurde. Diese zu Kuriositäten führende Situation macht deutlich, wie wenig die Mitgliedstaaten zum damaligen Zeitpunkt bereit waren, die Koordinierung ihrer

Außenpolitik den supranationalen Mechanismen der Integration anzuvertrauen. Mitte der achtziger Jahre wurde mit der Einheitlichen Europäischen Akte der Schritt der offiziellen Annäherung und Einbeziehung der EPZ an das europäische Vertragswerk vollzogen. Zu diesem Zeitpunkt war es zwar möglich, die wirtschaftlichen und politischen Aspekte von Sicherheit als Handlungsfeld für die Europäische Gemeinschaft festzulegen, aber nicht konsensfähig, militärische Aspekte aufzunehmen.

Der Umbruch Ende der achtziger Jahre/Anfang der neunziger Jahre eröffnete die Perspektive zu einem erneuten qualitativen Fortschritt. Die Weiterentwicklung der Europäischen Politischen Zusammenarbeit zur Gemeinsamen Außen- und Sicherheitspolitik (GASP) hat das Ziel einer gemeinsamen Verteidigungsidentität, die in eine gemeinsame Verteidigung münden soll, im Maastrichter Vertrag festgeschrieben. Die Westeuropäische Union (WEU) soll integraler Bestandteil der Entwicklung der Europäischen Union sein und von ihr zur Ausarbeitung und Durchführung verteidigungspolitischer Aktionen genutzt werden. Mit der Petersberger Erklärung (1992) wurde der Aufgabenkatalog der WEU präzisiert: Nicht nur Verteidigung, sondern auch humanitäre Aufgaben und Rettungseinsätze, friedenserhaltende Aufgaben, Kampfeinsätze bei der Krisenbewältigung einschließlich Maßnahmen zur Herbeiführung des Friedens sollen in Zukunft mögliche Handlungsfelder sein.

Mit Einfügung der Artikel zur GASP in den Vertrag über die Europäische Union wurde nicht - wie noch bei der Einheitlichen Europäischen Akte - eine Politik durch das europäische Vertragswerk nachvollzogen, sondern die Mitgliedstaaten haben für sich ein in der Zukunft liegendes Ziel im Vertrag fixiert. Dies macht die Implementation einer europäischen Sicherheitspolitik schwierig. Die Erwartungen an eine außenpolitisch handlungsfähige Union sind hoch, die Instrumente und Mechanismen aber noch nicht eingeübt und die konkrete Ausgestaltung nicht unbedingt konsensfähig. Diese Defizite überdecken leicht, daß Außenpolitik mehr als „klassische“ Sicherheitspolitik beinhaltet.

Außenpolitik der EU: mehr als nur Sicherheitspolitik

Bei aller Kritik an der Gemeinsamen Außen- und Sicherheitspolitik (zum Beispiel im Jugoslawien-Konflikt) darf nicht vergessen werden, daß die Europäische Union in weiten Bereichen über eine gut funktionierende Aussenpolitik verfügt.

Wenn man zur Grundlage macht, daß Außenpolitik das ständige Bemühen eines Staates (oder einer Gruppe von Staaten) ist, den eigenen Herrschaftsbereich langfristig abzusichern und zu diesem Zweck auf das Verhalten anderer Staaten - in friedlicher Weise - einzuwirken, so bedient sich der Staat (oder eine Gruppe von Staaten) zur Umsetzung dieses Zieles vor allem dreier Mittel:

- der Vertragspolitik,
- der wirtschaftlichen Zusammenarbeit und
- diplomatischer Demarchen.

Das wichtigste Instrument der Außenpolitik ist die bilaterale Vertragspolitik, die in der Europäischen Union schon vergemeinschaftet ist. Spätestens seit Anfang der neunziger Jahre werden alle Verträge von geostrategischer Bedeutung von der EU und nicht mehr von den Mitgliedstaaten verhandelt und abgeschlossen. Dieses trifft auf die Europa-Abkommen mit den Staaten Mittel- und Osteuropas, die euro-mediterranen Assoziierungsabkommen, die Kooperationsabkommen der EU mit Rußland sowie dem Mercosur, den Transatlantischen Aktionsplan sowie die Fischereiabkommen mit afrikanischen und lateinamerikanischen Ländern zu. Im Bereich der finanziellen Zusammenarbeit ist die EU viertgrößter Geber öffentlicher Hilfe (nach den USA, Japan und Deutschland). Die Ausfuhrförderung allerdings liegt nach wie vor in der Kompetenz der Mitgliedstaaten. In den letzten Jahren hat die EU mittels formeller oder informeller Demarchen erfolgreich Einfluß auf internationale Politik genommen. Eine von der EU getragene Demarche hat ein wesentlich größeres Gewicht als die eines einzigen Mitgliedstaates. Die EU spricht in vielen Fällen mit „gemeinsamer Stimme" und führt Verhandlungen im Rahmen internationaler Organisationen (z.B. KSZE/OSZE, WTO).

Die Mitgliedstaaten der EU haben erkannt, daß Europa ohne eine gemeinsame Außenpolitik allmählich von der Gestaltung der Weltpolitik ausgeschlossen wird. Deshalb haben sie die EU-Außenpolitik in den vergangenen Jahren ausgebaut. Letztlich kann aber eine europäische Außenpolitik nur so gut sein, wie der politische Wille der Regierungen der Mitgliedstaaten hierzu entwickelt ist. Sie ist heute auf jeden Fall stärker als die Außenpolitik der Einzelstaaten, aber zugleich schwächer als die einer europäischen Föderation. Unzulänglichkeiten werden vor allem im Bereich einer gemeinsamen Sicherheitspolitik empfunden. Dies hat u.a. seinen Grund in einem nach dem Ende des Ost-West-Konfliktes veränderten Sicherheitsbegriff und der notwendig gewordenen Neuordnung der europäischen Sicherheitsarchitektur.

Neuer Sicherheitsbegriff und neue Sicherheitsarchitektur

Eines ist sicher: Die in der Euphorie der Umbruchphase Anfang der neunziger Jahre erhoffte Friedens-Dividende konnte nicht realisiert werden. Auch heute werden noch Milliarden-Beträge in die Rüstungsindustrie gesteckt. Ein Leben ganz ohne Kriegsmaterial scheint nicht möglich zu sein - auch wenn die Rüstungsindustrie sich nicht gerade in einer Phase der Hochkonjunktur befindet. Heute gilt es, auf dem Hintergrund eines neuen Sicherheitsbegriffes und der Austarierung einer europäischen Sicherheitsarchitektur Strategie-Konzepte für die Zukunft zu erarbeiten.
Die Entwicklung der europäischen Integration im Bereich Außen- und Sicherheitspolitik läßt sich in drei Phasen gliedern, die ein Spiegelbild der sich als zeitgemäß erwiesenen Konzeptionen sind:

1. Zu Beginn der Einigung ging es darum, zu verhindern, daß europäische Staaten jemals wieder gegeneinander Kriege führen. Die Durchsetzung und Verwirklichung von Demokratie, Rechtsstaatlichkeit und Marktwirtschaft in den Mitgliedstaaten bildete die Grundlage für ein stabiles und friedliches (West)-Europa. Darüber hinaus mußten Verfahren der Konfliktregelung gefunden und die Politikfelder identifi-

ziert werden, welche sich für eine intensive Form der Zusammenarbeit eigneten.

2. Durch den Ost-West-Konflikt stimuliert, unternahmen die Mitgliedstaaten (immer mal wieder) Versuche, die Verteidigung ihres gemeinsamen Territoriums zu organisieren. Diese Aufgabe hat in den fünfziger Jahren den Europäern die NATO und damit vor allem die USA abgenommen. Die Europäer haben in dieser Zeit ihre außenpolitische Koordinierung verstärkt und ausgebaut, geleitet vom Ansatz einer zunehmenden Europäisierung aller Lebenssachverhalte, so auch der Außenpolitik. Die EG war in dieser Phase nie explizit bedrohungs- und sicherheitsorientiert.
3. Seit dem Umbruch in Europa haben sich die Parameter für eine europäische Außen- und Sicherheitspolitik verschoben. Zu dem langfristigen - aber nicht realisierten - Ziel der EU, einen wesentlichen Beitrag zur (notfalls notwendigen) Verteidigung des eigenen Territoriums zu leisten, kommt als neue Aufgabe hinzu, in Europa (d.h. außerhalb der EU) präventiv tätig zu werden. Für die NATO bedeutete dies, nicht mehr Europa vor der Sowjetunion zu schützen, sondern an die Stelle der militärischen Bedrohung treten immer mehr Instabilitäten und sicherheitspolitische Risiken außerhalb der eigenen Bündnisgrenzen.

Dies hatte zur Folge, daß die EU verstärkte Anstrengungen unternahm, eine gemeinsame Sicherheitspolitik zu konzipieren. Die NATO entwickelte sich vom reinen Verteidigungsbündnis zu einer Organisation, die mehrere Funktionen kollektiver Verteidigung mit Aufgaben kooperativer Sicherheit sowie die Rolle einer regionalen

Organisation im Rahmen des kollektiven Sicherheitssystems der UNO und der OSZE gleichzeitig wahrnahm. Konsequenz daraus war: Die NATO operierte „out of area“, Frankreich näherte sich der militärischen Struktur der NATO an und bi- und multilateral gebildete Streitkräfte europäischer Staaten nahmen zu.

Der Sicherheitsgehalt der EU muß die Gesamtheit aller grundlegenden Garantien umfassen, die es der Union ermöglichen, sich als eine in Freiheit lebende und sich entfaltende Rechtsordnung zu gestalten und darzustellen und gleichzeitig ihre Identität auf internationaler Ebene zu behaupten. Es geht um die Fähigkeit der Union, Bedrohungen der gemeinsamen Werte, der grundlegenden Interessen, der Unabhängigkeit der Union und der Unverletzlichkeit ihres Gebietes vorzubeugen und ihnen entgegenzutreten sowie zur Wahrung des Friedens und zur Stärkung der internationalen Sicherheit beizutragen.

Heute haben sowohl die Atlantische Allianz als auch die EU/WEU - wenn auch unterschiedliche - Aufgaben der kollektiven Verteidigung, der kooperativen Sicherheit und die einer regionalen Organisation im Rahmen von UNO oder OSZE übernommen. Die Abgrenzung und Arbeitsteilung ist dabei weniger eine Frage der Vorab-Entscheidung als die einer lagebezogenen Beurteilung in einer konkreten Situation im Lichte der der jeweiligen Organisation zur Verfügung stehenden Mittel.

Der Gegensatz zwischen Atlantischer Allianz und Europas gemeinsamer Verteidigungs- und Sicherheitspolitik verwischt sich immer mehr. Die Verschachtelung von europäischen und transatlantischen Sicherheitsbemühungen und Strukturen macht die aktuelle Strategiediskussion und die Entwicklung eines konkreten Handlungs- und Reformbedarfes schwierig.

Handlungs- und Reformbedarf für eine europäische Sicherheitspolitik

An der Schwelle zum 21. Jahrhunder steht die Europäische Union konkret vor der Aufgabe,

- Sicherheit nach Ost- und Mitteleuropa zu „exportieren“, in dem das politische System der EU auf diese Länder ausgedehnt wird,
- für die Gemeinsame Außen- und Sicherheitspolitik neue Strukturen zu finden und - was am schwierigsten ist -
- Felder gemeinsamen Interesses zu definieren.

Hierbei müssen die unterschiedlichen Bedürfnisse und Interessen der Mitgliedstaaten einbezogen werden („neutrale Staaten“, historische Sensibilitäten, unterschiedliche Traditionen und Bündnisverpflichtungen, Nuklearstatus).

Es stellt sich - auf dem Hintergrund der bisherigen Entwicklung - die Frage, welcher Ansatz sich bei einem Ausbau der Sicherheitspolitik durchsetzen wird. Es herrschen zwei Denkschulen vor:

1. Es gibt die Grundvorstellung einer umfassenden föderalen Integrationsentwicklung, die im Laufe des Entwicklungsprozeßes additiv mehr oder weniger alle Bereiche der staatlichen Souveränität umfaßt. Dies schließt auch Kompetenzen und Mittel für die europäische Sicherheitspolitik ein.

2. Der pragmatische Ansatz fragt, unter welchen Bedingungen und zusammen mit welchen Partnern die EU bzw. ihre Mitgliedstaaten bereit sind, militärisch zu handeln und welche Probleme im Zug der Europäisierung der Sicherheit dadurch in die EU transportiert werden, ohne daß eine Loskoppelung von Amerika stattfindet oder die Entscheidungsmechanismen überfordert werden.

Grundlage für die Entwicklung einer Strategie könnten die in dem deutsch-französischen Papier zur Sicherheitspolitik vorgeschlagenen Ansätze sein. Dort werden mögliche Gebiete sicherheitspolitischen Handelns geograhisch präzisiert:

- der europäische Kontinent,
- seine Randzonen, einschließlich
- des Mittelmeeres sowie
- die für den freien Handel der EU-Länder wichtigen Regionen.

Felder des Handelns könnten sein:

- Grenz- und Minderheitenkonflikte an der Peripherie Europas,
- hegemonistische Ambitionen einiger regionaler Mächte,
- die Proliferation von Massenvernichtungswaffen, sowie
- die Bekämpfung des internationalen Terrors und die Ausbreitung des organisierten Verbrechens, des Waffen- und des Drogenhandels.

Die gemeinsame Sicherheitsvorsorge soll sich nicht mehr *gegen* einen politisch definierten Gegner, sondern mehr auf die Vorbeugung gegen Risiken und die Bewältigung von Krisen auch außerhalb des eigentlichen Bündnisgebietes richten. Das Schwergewicht der EU-Sicherheitspolitik ist also nachhaltig von Konfliktmanagement und –nachsorge zu Konfliktverhütung zu verlagern. Es scheint evident zu sein, daß die Europäer nur im Sinne gegenseitiger Solidarität diese Aufgabe erfüllen können.

Wenn diese Aktionsfelder und ihr Handlungsradius EU-weit Konsens sind, stellt sich als nächstes die Frage der Aufgabenteilung zwischen den verschiedenen Sicherheitsstrukturen: Was soll die GASP tun, was nicht schon die NATO tut? Keine Duplizierung von Militärstrukturen zuzulassen, wurde bisher von politischer Seite immer wieder angemahnt („separable but not separate"). Welche Rolle soll die rechtlich und organisatorisch - noch immer - selbständige WEU erfüllen? Welche Organisation soll für was die Verantwortung übernehmen? Wie kann man die wohl doch noch - wenn auch in Maßen - notwendige Rüstungsproduktion wettbewerbsfähig und mit immer knapperen Mitteln leistungsfähig organisieren? Denn soll eine europäische Sicherheitsstruktur ernst genommen werden, muß sich die europäische Rüstungsindustrie entsprechend entwickeln.

Auch wenn man zur Zeit eher von einer Amerikanisierung der europäischen Sicherheitsstrukturen spricht denn von einer Europäisierung der NATO, so ist doch klar, daß die Europäer ihren Teil der Verantwortung in Zukunft übernehmen müssen - bei bleibender Präsenz der NATO in Europa. Am erfolgreichsten erscheint eine Flexibilisierung der sicherheitspolitischen Handlungsoption der EU zu sein. Entscheidend ist hierfür, daß der politische Wille zum gemeinsamen Handeln gegeben bzw. organisierbar ist. Dabei ist die Einführung von Mehrheitsentscheidungen im außenpolitischen Bereich nicht überzubewerten, denn für Entscheidungen von strategischer Bedeutung muß - so zeigt die Erfahrung - schon aus legitimatorischen Gründen weitestgehender Konsens unter den Partnern hergestellt werden.

Bei allen Bemühungen zur Weiterentwicklung einer europäischen Außen- und Sicherheitspolitik ist die historische Erfahrung von Krieg immer wieder zu reflektieren. (Bürger-)Krieg ist auf europäischem Boden wieder möglich. In der steten Vergewisserung der katastrophalen Folgen von Krieg wird die Leistung der europäischen Integration deutlich, die sonst allzu leicht in Selbstverständlichkeiten versinkt. Das bisher geschaffene System der Europäischen Union bedeutet politische, wirtschaftliche und damit friedenserhaltende Stabilität für Europa. Eine neue gesamteuropäische Sicherheitsarchitektur wird sich daran messen lassen müssen.

Die Aktualität der Bemühungen zeigt eine Textpassage von Victor Hugo, die er vor einhundertzwanzig Jahren formulierte und die Mahnung und Appell gleichermaßen sein sollte:

„Was in Serbien geschieht zeigt, daß Vereinigte Staaten von Europa unumgänglich sind. Auf daß den uneinen Regierungen geeinte Völker nachfolgen. (...) Denn eines zeigen die Greuel Serbiens jenseits aller Zweifel, daß nämlich Europa einer europäischen Nation bedarf, einer geeinten Regierung, einer allumfassenden brüderlichen Schlichtungsmacht, der Demokratie im Frieden mit sich

selbst. (…) Mit einem Wort, die Vereinigten Staaten von Europa. Das ist das Ziel, das ist der Hafen. Gestern war dies nur die Wahrheit, heute ist es (…) zur Offensichtlichkeit geworden."

(Victor Hugo, 29. August 1876)

Freiberufler in der Europäischen Union

Probleme, Sorgen, Perspektiven

Die Freien Berufe in der Europäischen Union haben zunächst eine Gemeinsamkeit: ihre gesellschaftliche, wirtschaftliche und schließlich auch politische Bedeutung wird weitgehend unterschätzt.

Die Gesamtzahl der Selbständigen in Freien Berufen in der Europäischen Union wird für das Jahr 1995 auf weit über zwei Millionen geschätzt. Damit bilden die Freiberufler einen Schwerpunkt der Entwicklung zur Dienstleistungsgesellschaft. Nimmt man einen niedrig angesetzten Erfahrungswert von durchschnittlich zwei bis drei Arbeitsplätzen je Freiberufler, so kommt man auf insgesamt etwa 6 bis 8 Millionen Arbeitsplätze in Freien Berufen in der EU.

Freie Berufe: Begriff und Zuordnung

Die Bestimmung der Freien Berufe kann kraft Gesetz, mittels Rechtsprechung und/oder auf der Grundlage traditioneller Zuordnungen vorgenommen werden. Dabei sind im Vergleich der EU-Mitgliedstaaten Unterschiede der Zurechnung vor dem Hintergrund berufssoziologischer, -statistischer und -rechtlicher Kriterien festzustellen. Trotz aller Bemühungen ist es bis heute nicht gelungen, umfassend verbindliche Anwendungs- und Zuordnungsregeln zu fixieren und so den Begriff „Freie Berufe“ wirklich präzise abzugrenzen. Häufig sind es enumerative Auflistungen, die Freie Berufe zuordnen. Dabei sind im Vergleich der EU-Staaten weitgehende

Übereinstimmungen festzustellen. Grundsätzlich sind Berufszugang und Berufsausübung in den Mitgliedstaaten der Europäischen Union unterschiedlich geregelt. Somit sind landesspezifische Ausprägungen der Freien Berufe bei der näheren Betrachtung von Auswirkungen und Perspektiven der zunehmenden Realisierung des Europäischen Binnenmarktes unbedingt zu berücksichtigen.

Veränderung der Marktstrukturen

Das Zusammenwachsen Europas bedeutet vor allem eine zunehmende Integration der einzelstaatlichen Märkte. Deren Strukturen sind im Zuge der Europäisierung und Globalisierung der Wirtschaft einem fundamentalen Wandel unterworfen. Die Entwicklung zur Dienstleistungsgesellschaft ist von einer zunehmenden Komplexität der Aufgaben geprägt. Dabei werden in wachsendem Maß Komplettlösungen nachgefragt. Weder die produktionsbezogenen noch die primären Dienstleistungen (wie Handel oder Transport) bieten in der Regel weiterhin große Wachstumspotentiale. Vielmehr wird in Zukunft das weitaus stärkste Wachstum in den sekundären, also den hochqualifizierten Dienstleistungen, zu finden sein. In diesem Bereich wiederum haben die Freien Berufe besondere Bedeutung.

Die Freien Berufe mit ihrem vielfältigen Leistungsspektrum für Wirtschaft und Gesellschaft bilden einen wesentlichen Bestandteil der mittelständischen Wirtschaft in der Europäischen Union. Die zentralen Aufgaben der Freien Berufe bestehen dabei nicht nur in der Erbringung wichtiger Beratungsleistungen sowohl für den einzelnen als auch für Unternehmen und Institutionen, sie tragen in ihren Praxen und Büros auch in einem erheblichen Maße zur Schaffung und Erhaltung zahlreicher Arbeits- und Ausbildungsplätze sowie - nicht zuletzt auch als Steuerzahler und Investoren - zum gesamtwirtschaftlichen Ertrag bei. Dies macht die Freien Berufe zu wesentlichen Trägern einer leistungsfähigen Volkswirtschaft, deren Bedeutung in der Vergangenheit ständig gestiegen ist und angesichts des weiterhin wachsenden Bedarfs an qualifizierten Dienstleistungen auch in der Zukunft noch weiter zunehmen wird.

Die Modernisierung der Freien Berufe

Die Modernisierung der Freien Berufe hat eine Vielzahl und Vielfalt von Erscheinungsformen. Allerdings ist dieser Prozeß häufig mit erheblichen Problemen verbunden. So trägt die vorgesehene EG-Richtlinie zur vergleichenden Werbung den Besonderheiten der Freien Berufe nach deren Meinung nicht hinreichend Rechnung. Besonders der Schutz der Verbraucher sollte nach dieser Auffassung durch strengere Bestimmungen sichergestellt werden, da nach Auffassung des Berufsstandes das besondere Vertrauensverhältnis zwischen Freiberuflern und Leistungsnehmern nicht in Frage gestellt werden soll. Allerdings scheint es angesichts des wachsenden Konkurrenzdrucks für Freiberufler in Zukunft erforderlich, vermehrt die Möglichkeit einer vergleichenden Werbung zu nutzen. Eine wichtige Entscheidung hat in diesem Zusammenhang der Europäische Gerichtshof getroffen, als er eine Einbeziehung der Apotheken in den freien Warenverkehr als nicht zulässig erkannte.

Ein Thema von besonderer Bedeutung ist die Frage der Haftung für freiberufliche Dienstleistungen. Hier wurde ein Vorschlag der Europäischen Kommission zur Regelung der Haftung für Dienstleistungen zurückgezogen, jedoch scheint es keineswegs sicher, daß diesbezügliche Bestrebungen generell eingestellt wurden. Zwar ist eine horizontale Richtlinie nicht mehr zu erwarten, jedoch sind sektorale Lösungen - für einzelne Berufe oder Berufsgruppen - weiterhin denkbar. Auf dieser Grundlage könnten in einer Reihe von Staaten die Haftungsregelungen in erheblichem Maße verschärft werden.

Ein weiterer Regelungsbereich von herausragender und zugleich zukunftsweisender Bedeutung ist der Umweltschutz. Die Öko-Audit-Verordnung und die auf dieser Grundlage erlassenen nationalen Gesetze eröffnen nicht nur naturwissenschaftlich-technischen und anderen Freien Berufen Zukunftschancen, vielmehr sind mit den tiefgreifenden Bestimmungen der Verordnung auch erhebliche Veränderungen herkömmlicher Tätigkeitsfelder und Berufsbilder verbunden.

Liberalisierung der Märkte

Die Freien Berufe werden mehr und mehr mit den Dienstleistungssektor betreffenden strukturellen, rechtlichen und politischen Veränderungen konfrontiert, die von den einzelnen Berufsgruppen z.T. erhebliche Anpassungsleistungen erfordern, um ihre Existenz- und Wettbewerbsfähigkeit auch für die Zukunft zu sichern. So bieten die zunehmende Nachfrage nach kompetenten Dienstleistungen in allen Lebensbereichen, die Entwicklung und Verbreitung neuer Technologien im wirtschaftlichen und privaten Bereich und die geographische Ausweitung und Liberalisierung der Märkte (insbesondere infolge der Vollendung des Europäischen Binnenmarktes) den verschiedenen, unter der Bezeichnung „Freie Berufe“ subsumierten Berufsgruppen sicherlich vielfältige Perspektiven für eine Erweiterung ihres Leistungsspektrums bis hin zur Entwicklung neuer Betätigungsfelder und Berufsbilder.

Andererseits schaffen gerade auch die Verwirklichung der Niederlassungsfreiheit und des freien Dienstleistungsverkehrs in der Europäischen Union sowie die im Inland wachsende Konkurrenz durch berufsfremde Anbieter wie auch durch die seit Jahren stetig wachsende Zahl an Berufszugängen für die meisten Freien Berufe einen zunehmenden Wettbewerbs- und Existenzdruck, der von den einzelnen Berufsangehörigen nicht nur in zunehmendem Maße marktorientiertes Berufsverhalten und unternehmerisches Kalkül verlangt, sondern auch die Berufsgruppen vor die Notwendigkeit stellt, neue Strategien zur Sicherung eines hohen Qualifikationsniveaus und Leistungsstandards zu entwickeln.

Dienstleistungs- und Niederlassungsfreiheit

Ein wichtiges Thema im Zusammenhang mit der europäischen Integration der Freien Berufe ist die grenzüberschreitende Erbringung von Dienstleistungen. Die EG-Dienstleistungsrichtlinie von 1992 gilt für Dienstleistungen aller Art. Die wichtigsten Zielsetzungen sind die Dienstleistungsfreiheit und das Diskriminierungsverbot. Im Mittelpunkt steht dabei die Eröffnung des Zugangs zu öffentlichen Aufträgen über die Grenzen hinweg. Im Gegensatz zur überstaatlichen Erbringung von Dienstleistungen ist die Niederlassung definiert als Errichtung eines ständigen, gewerblichen oder beruflichen Standortes innerhalb der EU in einem anderen als dem Herkunftsstaat.

Die Normalform der grenzüberschreitenden Tätigkeit von Freiberuflern ist heute und in Zukunft die zwischenstaatliche Kooperation. Denn nur wenige Berufsträger schaffen es, sowohl Sprachbarrieren zu überwinden als auch unzureichende landesspezifische Kenntnisse und andere Hemmnisse hinter sich zu lassen. Allerdings ist hier die schwerwiegende Einschränkung zu treffen, derzufolge die europäische Integration nicht nur den Qualitäts- und Kompetenzwettbewerb, sondern auch den Organisations- und Rechtsformwettbewerb stimuliert. Hier ist nicht nur die verstärkte Konkurrenz größerer Anbieter zu erwarten, vielmehr wird deutlich, daß freiberufliche Berufsrechte in einzelnen Staaten der EU trotz verstärkter Bemühungen in den letzten Jahren modernisierungsbedürftig sind.

Um die dauerhafte Erschließung von zusätzlichen Marktsegmenten im EU-Ausland zu ermöglichen, wurde die Rechtsform der Europäischen Wirtschaftlichen Interessenvereinigung (EWIV) geschaffen. Die EWIV ermöglicht die Abwicklung von Projekten in internationalen Zusammenhängen.

Im Bereich der Freien Berufe hat sich die Verwirklichung der Freizügigkeit als schwierig erwiesen. Das abweichende Berufsrecht und die unterschiedlichen Ausbildungen in den Staaten der EG und später der EU haben seit 1967 bis 1985 zu einer Reihe von Richtlinien geführt, mit denen eine Harmonisierung der Anerkennung von Bildungsabschlüssen erreicht werden konnte. Die außerordentlich schwierigen und zeitintensiven Verhandlungen haben eine Abkehr von berufsspezifischen Richtlinien verursacht, Detailregelungen wurden ersetzt durch die Schaffung der Vergleichbarkeit von Ausbildungsabschlüssen.

Es kann festgestellt werden, daß aus der Sicht des Jahres 1997 die berufliche Migration in und zwischen EU-Staaten im Bereich der Freien Berufe keine erheblichen Probleme geschaffen hat. Zwar gibt es durchaus Wanderungsbewegungen, jedoch zeigen sich im Bereich der Freien Berufe meist bei Saldierung von Zu- oder Abwanderungen keine gravierenden Überhänge zugunsten einzelner Staaten. Wenige, lokal oder regional immerhin bedeutsame Ausnahmen - wie das vermehrte Auftreten von Ausländern in grenznahen Regionen - bestätigen diese Feststellung eher.

GATT und GATS

Das am 1. Januar 1996 in Kraft getretene GATT-Abkommen findet wenig Beachtung. Dies gilt insbesondere auch für die Freien Berufe. So sind bei der Vergabe öffentlicher Aufträge nach wettbewerblichen Regeln im Kreis von Anbietern aus den Signatarstaaten nicht nur zentrale Regierungsbehörden, sondern auch nachgeordnete Verwaltungen bis hin zu lokalen Behörden an den Vertrag gebunden. Eine besondere Bedeutung haben in diesem Zusammenhang die Schwellenwerte für die internationalen Vergabeverfahren, die niedriger gehalten sind als in der Dienstleistungsrichtlinie. Es wird befürchtet, daß öffentliche Auftraggeber zukünftig zur Vermeidung aufwendiger internationaler Vergabeverfahren eine verstärkte Neigung zur Eigenerbringung von Planungs- und anderen Leistungen entwickeln. Alternativen hierzu wären Verfahren wie das Planen und Bauen aus einer Hand oder die Übernahme von Baumaßnahmen durch private Investoren. Fraglich ist auch, wie Architekten oder Ingenieure aus Drittstaaten ihre berufliche Qualifikation in EU-Ländern nachzuweisen haben. Folgt die EU dem Gleichbehandlungsgrundsatz, so wird es keine Unterschiede in der Anerkennung von Diplomen von EU-Bürgern und Berufsträgern aus anderen GATT-Staaten geben. Auf der anderen Seite ist davon auszugehen, daß Bewerber aus der EU etwa in den USA eine Berufszulassung nicht erhalten werden.

Mit der Ende 1993 abgeschlossenen „Uruguay-Runde" des GATT wurde ein neues Übereinkommen über den Handel mit Dienstleistungen (GATS) erzielt. Damit wurde erstmalig ein multilaterales Regelwerk für diesen

Bereich geschaffen, das Chancen zur verbesserten Nutzung von Wachstumspotentialen in diesem Sektor eröffnet. Darüber hinaus wurde auch für den Dienstleistungshandel ein überstaatlicher Liberalisierungsprozeß eingeleitet. In diesem Rahmen sind zahlreiche Staaten konkrete Verpflichtungen zur Öffnung von Dienstleistungsmärkten eingegangen, z.B. auch in der Rechtsberatung. Allerdings konnten für eine Reihe von Dienstleistungen angestrebte Regelungen nicht erreicht werden.

Grundsätzlich sind mit der Fortsetzung der Liberalisierung Erwartungen verbunden, die den positiven Effekten des GATT entsprechen sollen. Dieser Erfolg besteht darin, daß der überstaatliche Handel mit Waren weitaus stärker wuchs als die Warenproduktion. Von GATS werden auch die „Professional Services“ erfaßt, die weitgehend den Freien Berufen gleichzusetzen sind.

Freier Beruf und freier Wettbewerb

Grundsätzlich ist zu fragen, inwieweit freiberufliche Berufsrechte zwischen den Prinzipien von Freizügigkeit, freiem Wettbewerb und Diskriminierungsverbot einer Nivellierung mit dem Gewerbe zugeführt werden. Anders ausgedrückt: Dieser Unterschied kann etwa darin bestehen, daß der leistungsorientierte Wettbewerb durch eine Preiskonkurrenz abgelöst wird. Dadurch kann die Balance zwischen Freiberuflichkeit und Verbraucherschutz gestört werden.

Der freie Wettbewerb ist eine zentrale Kategorie der europäischen Wirtschaftspolitik. In diesem Zusammenhang ist der Frage nachzugehen, inwieweit Initiativen bestehen, diesen Wettbewerb zuungunsten mittelständischer Strukturen auf dem Wege der Verlagerung von Dienstleistungen auf größere Unternehmen zu beeinflussen. So hat der sogenannte „Atkins-Report“ aus dem Jahre 1993 erhebliche Irritationen hervorgerufen. Diese „Strategische Studie über das Bauwesen“ propagiert das Planen und Bauen aus einer Hand. Die möglichen Konsequenzen aus dieser Entwicklung wären vor allem: Verschlechterung der Kostentransparenz für Planungs- und Bauleistungen, Wegfall der Qualitäts- und Kostenkontrolle durch unabhängige Planer oder auch eine Verkürzung der Haftung für Mängel.

Hier scheint der Schritt zu einer politischen Zielsetzung, die das Zurückdrängen mittelständischer Dienstleister zugunsten einer Konzentration in der Wirtschaft zumindest toleriert, nicht mehr allzu groß zu sein. An diesem Beispiel wird weiterhin eine Entwicklung von außerordentlicher Tragweite deutlich: Eingriffe überstaatlicher Politik werden für die Gestaltung freiberuflicher Berufsausübung immer bedeutsamer. Schließlich ist zu fragen, inwieweit es notwendig ist, die erklärte Zielsetzung der Deregulierung mit einer Fülle von neuen Regulierungen zu realisieren. Für Architekten etwa sind zu beachten: Architekten-, Hochschuldiplom-, Bauprodukten-, Baukoordinierungs- und Sektorenrichtlinie, Lieferkoordinierungs-, Dienstleistungsvergabe-, Baustellensicherheits- und andere Richtlinien. Regelungsbreite und Regelungstiefe sind hierbei sehr stark ausgeprägt. Das große Werk der europäischen Einheit erfordert die Aufgabe von Teilen nationaler Souveränität, doch sollte das Prinzip der Subsidiarität stets beachtet werden.

Eingriffe in Mechanismen und Strukturen von Märkten sind nicht wie früher eine innerstaatliche Angelegenheit, sie werden vielmehr zunehmend auf übergeordneten Ebenen vollzogen werden: neben der EU sind das vor allem die internationalen Verhandlungsgremien mit der Aufgabe der Öffnung des Weltmarktes. Die Freien Berufe sind gehalten, die Entwicklungen mit kritischer Aufmerksamkeit zu begleiten und ihre Interessen zu wahren. Die hier skizzierte Entwicklung fördert das Zusammenwachsen der Freien Berufe in der EU insbesondere in Form einer überstaatlichen Berufspolitik. Darüber hinaus bietet sich den Freien Berufen ein breites Spektrum von Entfaltungsmöglichkeiten. Diese Chancen gilt es zu nutzen!

Christlich-soziales Gedankengut im Informationszeitalter

Hat christdemokratische Politik noch eine Zukunft im 21. Jahrhundert?

Haben die christlich-sozialen Ideen in der Zukunft eine Chance? Rasante Veränderungen kennzeichnen unsere Zeit: die Welt wird immer offener, Grenzen durchlässiger, Datenautobahnen und Informationsnetze verbinden Menschen in Sekunden über Kontinente hinweg. Jedes Produkt und jede Dienstleistung kann an nahezu jedem Ort der Welt gemacht und erbracht werden: die wirtschaftliche Konkurrenz ist prinzipiell weltweit geworden, und das europäische Verständnis des Sozialstaats steht vor seiner Bewährungsprobe. Wissenschaftliche Entdeckungen, technologische Möglichkeiten steigern sich in ihrer Entwicklungsgeschwindigkeit: der Fortschritt gleitet uns aus den Händen, und wir zweifeln, ob alles Neue wirklich ein Fortschritt ist. Die Individualisierung und die Säkularisierung der europäischen Gesellschaft schreiten voran, und wir fragen uns, was die plurale Gesellschaft der Zukunft überhaupt noch zusammenhalten wird. Ungewißheit kennzeichnet vor allem unser Verhältnis zum 21. Jahrhundert. Vertragen sich die neuen Trends mit den politischen Ordnungsprinzipien der Christdemokratie, die vor allem die Nachkriegszeit geprägt haben? Oder sind unsere christlich-sozialen Vorstellungen zum Veralten verurteilt?

Im Gegenteil: wenn wir den Wandel bewältigen wollen, müssen wir Prinzipien haben, die uns Orientierung geben. Mit der Zeit zu gehen, ohne sich ihr zu unterwerfen, ist das Erfolgsgeheimnis der Christdemokratie gewesen und wird es auch in Zukunft sein. Ich möchte im folgenden fünf Felder nennen, die sowohl brennende Fragen unserer Gegenwart und Zukunft sind als auch die Stärken der Christdemokratie ausmachen:

- Leitendes Menschenbild
- Europäische Integration
- Soziale Marktwirtschaft
- Werte in Familie und Gesellschaft
- Ethik für Technik, Wissenschaft und Umwelt.

Leitendes Menschenbild

Haben in unserer säkularisierten Gesellschaft politische Kräfte Zukunftschancen, die sich wesentlich auf christliches Gedankengut stützen? Was kann eine christlich begründete Ethik und Anthropologie für die Politik denn überhaupt bedeuten - und damit auch für die Politik des 21. Jahrhunderts?

Entscheidendes Fundament aller weiteren Ordnungsprinzipien und konkreten Lösungsansätze der Politik ist ihr Menschenbild. Das christliche Verständnis vom Menschen ist dabei das Hauptkennzeichen der christlichen Demokratie: es ist das Bild des Menschen als eines freien und verantwortlichen Wesens. Der Mensch ist ausgestattet mit einer unverfügbaren Würde, berufen zur freien Entfaltung der Persönlichkeit, verantwortlich für sich wie für andere, befähigt zur Gestaltung der Welt und ihrer Ordnung.

Dabei ist er Irrtum und Schuld ausgesetzt, unvollkommen und endlich. Das Heil wird ihm Gott bringen, aber keine innerweltliche selbst ernannte Erlösungsmacht.

Christlich verwurzelte Politik ist unvereinbar mit ideologischen Heilslehren und totalitären Bestrebungen, die glauben, das Wesen und Ziel der Weltgeschichte zu kennen und umzusetzen. Das Ideal selbstverantworteter und sozial gebundener Freiheit erlaubt keine Diktaturen: ihm entspricht vielmehr der Rechtsstaat, die freiheitliche Demokratie, die Soziale Marktwirtschaft und der verantwortliche Umgang mit Natur, Wissenschaft und Technik. Es sind die christdemokratischen Grundwerte von Freiheit, Solidarität und Gerechtigkeit. Sie zu verwirklichen und auch in ihrer Spannung zueinander zum Ausgleich zu bringen, ist eine stets aktuelle Herausforderung.

Dies ist ein Menschenbild, das selbstverständlich nicht nur für Christen attraktiv ist. Alles andere stünde auch im Gegensatz zum ethischen Universalismus, den dieses Menschenbild beinhaltet.

Auch wenn das Prinzip der Menschenwürde zum politischen Allgemeingut gehört und in den meisten Verfassungen ausdrücklich als Grundlage staatlicher Ethik verankert ist, gibt ihm die transzendente Verankerung in der Schöpfung und Berufung des Menschen durch Gott doch eine gewichtigere und weitaus verbindlichere Fundamentierung. Der Mensch muß im Mittelpunkt der Politik stehen: ihm ein würdiges Leben zu ermöglichen, ist ihr letztes ethisches Ziel und ihre große, spezifische Verantwortung.

Eine einzig wahre „christliche Politik“ gibt es nicht. Weder gibt das Evangelium Hinweise noch die Geschichte des Christentums, in der wir heute auch viele - gerade politische - Verirrungen sehen. Auch die allgemeinen christlichen Vorstellungen vom Einzelnen, von Staat, Gesellschaft und Gemeinde lassen viele Fragen offen. Die Grundwerte müssen konkretisiert werden, aber in welcher Weise dies am besten gelingt, ist jeweils erst zu prüfen. Was in der konkreten Wirtschafts- und Finanzpolitik, in der Europa- und Außenpolitik, in der Innen- und Kulturpolitik die beste Lösung ist, bedarf der Sachorientierung, der Diskussion, ja auch des Streits. Christen sind unterschiedlicher politischer Meinung, und die Christdemokraten erheben keinen Exklusivanspruch auf das christliche „Logo". Sie wollen sich aber mehr als andere darum bemühen, Politik zu gestalten, die mit christlichen Vorstellungen kompatibel ist - mehr als andere insofern sie sich mit dem „C" ausdrücklich an diese Selbstverpflichtung binden.

Die christdemokratischen Parteien haben sich nicht christliche Politik auf die Fahnen geschrieben, sondern beheimaten Christen, die aus ihrer Verantwortung heraus Politik gestalten. So verstanden ist auch die praktizierte gute Zusammenarbeit von Christen und Nichtchristen kein „ideologisches" Problem. Natürlich setzt sich die Christdemokratie damit einem hohen Anspruch aus: sie legt selbst die Meßlatte hoch. Deshalb muß sie auch immer wieder deutlich machen, daß sie wie auch die aktuelle Tagespolitik an ihre Grundwerte gebunden ist, und muß zeigen, wie diese sich in politischen Lösungen niederschlagen.

Welches Menschenbild die Gesellschaft der Zukunft prägen wird, ist eine entscheidende Frage für die Menschlichkeit dieser Gesellschaft. Das christdemokratische Verständnis vom Menschen als freier wie sozial verantwortlicher Person ist dabei eine tragfähige ethische Grundlage - dafür müssen wir werben.

Europäische Integration

Die Katastrophe des Zweiten Weltkrieges bedeutete für die Christdemokratie in den verschiedenen Ländern Europas vor allem eines: die Erkenntnis, daß der Staat auf ethische Grundwerte verpflichtet sein muß wie die Menschenwürde, und zugleich die Lehre, daß diese ethische Gemeinsamkeit der freien europäischen Länder diese weit tiefer verbinden muß als bisher. Der Nationalismus, der das Europa vom 19. bis weit ins 20. Jahrhundert umgetrieben hat, war und ist mit christdemokratischem Denken unvereinbar. Insbesondere der Universalismus der christlichen Ethik macht die nationalistische Verabsolutierung des eigenen Volkes zum höchsten „Wert" auf der politischen Skala schlicht unmöglich. Die Leitidee des europäisch-christlichen Abendlandes dominierte für die Gründungsväter Europas über die Partikularismen der Nationalstaaten.

Freiheit und Frieden waren die Ideen der europäischen Einigungsbewegung nach dem Zweiten Weltkrieg. Die Einbindung der europäischen Nationalstaaten in gemeinsame Institutionen hat ihnen die nationalistischen Giftzähne gezogen: das friedliche Zusammenleben und gemeinsame Wirken von Nationen, die sich teilweise jahrhundertelang erbittert bekriegt hatten, ist zweifellos die größte Errungenschaft der europäischen Einigung - dies zu betonen ist auch immer ein Anliegen Jacques Santers gewesen.

Immer mehr Probleme lassen sich zudem in einer zusammenwachsenden Welt mit auch wachsenden Abhängigkeiten nicht länger im national-staatlichen Rahmen lösen. Das Ziel einer gemeinsamen Außen- und Sicherheitspolitik darf nicht hintenangestellt werden. Die organisierte Kriminalität und die innere Sicherheit, Asyl-, Zuwanderungs- und Entwicklungsfragen sind grenzüberschreitende Probleme, die sich von einem Land alleine nicht wirksam angehen lassen. Auch die Umweltpolitik, Energie- und Verkehrspolitik wie die großen Forschungsvorhaben brauchen die Zusammenarbeit aller beteiligten Staaten. Die Wirtschafts- und Währungsunion wird bald Wirklichkeit und den europäischen Binnenmarkt vollenden. Im Zeitalter der Globalisierung stärkt eine gemeinsame Währung die wirtschaftliche Kraft ihrer Mitgliedsländer. Breit gestreuter Wohlstand und damit ein früher ungekanntes Maß an persönlicher Freiheit für alle in Westeuropa sind entscheidend der europäischen Zusammenarbeit und wirtschaftlichen Freiheit zu verdanken.

Es geht um mehr als um supranationale Kooperation, es geht um gemeinsames Handeln. Daß die Einzelstaaten dabei ihre Bedeutung als primäre Verantwortungsinstanz nicht verlieren, bewirkt das Subsidiaritätsprinzip - ein spezifisches christdemokratisches Ordnungsprinzip. Das Subsidiaritätsprinzip besagt, daß die jeweils kleineren Gemeinschaften die Aufgaben wahrnehmen - und auch behalten - sollen, denen sie am besten nachkommen können, während die übergeordnete Instanz nur tätig wird, wenn die Kräfte der kleineren Gemeinschaft überfordert sind. Subsidiarität verhindert einen falschen

Zentralismus und Bürokratismus, verteilt die Kompetenzen und Aufgabenebenen und sorgt für Bürgernähe und Transparenz. Sie ermöglicht damit zugleich, daß die hergebrachte europäische Vielfalt der Nationen erhalten bleibt, und diese macht schließlich das Wesen Europas aus. Die Vielfalt seiner Kulturen ist ebenso typisch für das Gesicht Europas wie die Gemeinsamkeit seiner Grundwerte, die sich auf das weiterwirkende Erbe des christlichen Abendlandes und der Aufklärung zurückführen lassen. Woran es mangelt, sind verbindende Symbole, die Europa als Wertgemeinschaft auch anschaulich vor Augen führen.

Nicht nur die großen Leitideen von Freiheit und Frieden, auch die konkreteren Schritte zu einer Verfestigung der internationalen Zusammenarbeit und schließlich zur supranationalen Integration der europäischen Nationen wurden von Christdemokraten unternommen. Die kontinuierliche Weiterarbeit am Projekt Europa und das zähe Vorankommen auch bei Gegenwind oder Windstillstand haben andere längst nicht so betrieben. Auch in Zukunft muß deutlich werden, daß die europäischen Christdemokraten auch Europas treibende Kraft sind. Die Vertiefung der Integration und die Erweiterung der Union um neue Mitglieder aus Mittel- und Osteuropa sind große Aufgaben. Auf allen Feldern der Europapolitik haben Christdemokraten auch in Zukunft noch Vieles - und ganz Entscheidendes - zu leisten.

Soziale Marktwirtschaft

Die hohe Arbeitslosigkeit ist eines der drängendsten Probleme in allen europäischen Ländern. Im Zeitalter der Globalisierung ist der Wettbewerb schärfer geworden. Die Staaten Europas wetteifern um Investitionen und Arbeitsplätze, senken die Steuersätze und die Arbeitskosten, um ihre Attraktivität im Wettbewerb zu behaupten. Der Sozialstaat ist an die Grenzen seiner Finanzierbarkeit gestoßen: demographischer Wandel, gestiegenes Anspruchsdenken und strukturelle Fehlentwicklungen fordern ohnehin erhebliche Einschnitte. Zudem belasten die Sozialkosten die Arbeitskosten, die im internationalen Wettbewerb eine wichtige Rolle spielen. Gleichzeitig werden die weniger qualifizierten Tätigkeiten durch Automatisierung und Rationalisierung immer entbehrlicher. Geht uns in Europa die Arbeit aus? Ist der Sozialstaat am Ende? Wird die Soziale Marktwirtschaft das Erfolgsrezept der Christdemokratie bleiben?

Wer sich umsieht, sieht auch, wieviel Arbeit bei uns zu tun wäre, aber sie ist zu den Kosten, die auf ihr lasten, nicht bezahlbar. Sozialkosten müssen zurückgefahren werden, ohne das System der Sozialversicherung im Ganzen zu gefährden - nach wie vor soll schließlich jeder vor Not und Armut geschützt sein und müssen die Lasten solidarisch getragen werden, wenn auch nicht alle Errungenschaften der Vergangenheit ungeschmälert beibehalten werden können. Im Gegenteil ist der Sozialstaat zum Wohlfahrtsstaat ausgewachsen, der die Menschen ihrer Selbstverantwortung beraubt und sie als „Vater“ Staat zu unmündigen Kindern degradiert hat.

Der Sinn der Sozialen Marktwirtschaft ist es nicht, den einzelnen in seiner Daseinsvorsorge vom Staat abhängig zu machen, sondern ihn in Stand zu setzen, aus eigener Kraft für sich zu sorgen. Eine breite Einkommenserzielung und Vermögensstreuung durch Wohlstand für alle macht ebenso das „Soziale" an der Marktwirtschaft aus wie die Sicherung derjenigen, die nicht selbständig Einkommen erwerben können, durch die Arbeitenden und Vermögenderen. Eigenverantwortung, Risikobereitschaft und unternehmerische Initiative kennzeichnen unsere Wirtschaftsordnung ebenso wie der soziale Ausgleich.

Arbeit hat einen hohen Stellenwert für die Menschen; das betont die christliche Soziallehre. Gerade in der modernen Arbeitswelt ist der Arbeitsplatz mehr als nur Gelderwerb - persönliche Entfaltung des Einzelnen, Teilnahme am gesellschaftlichen Leben, Kontakt- und Kommunikationsbasis. Arbeitslosigkeit ist deshalb mehr als der Verlust des Arbeitsplatzes, und sie fordert Politik, Wirtschaft und Gewerkschaften deshalb auch in ihrer Verantwortung für die Menschen heraus.

Die Balance zwischen wirtschaftlicher Dynamik und sozialer Abfederung muß allerdings auch stimmen - und die aktuellen Diskussionen gehen um die Frage, wie das richtige Gleichgewicht herzustellen ist. Das Ausmaß der Umverteilung darf die Leistungsbereitschaft nicht schwächen, andererseits wächst die Risikobereitschaft, wenn die soziale Abfederung für den Negativfall gesichert ist. Heute müssen sich die europäischen Länder vor allem neu anstrengen, um ihre Wettbewerbsfähigkeit zu sichern. Technische Höchstleistungen, wissenschaftliches Know-how, modernste Produktionsmethoden und die hochqualifizierte Ausbildung sind die Pluspunkte der europäischen Wirtschaften, aber es sind keine Himmels-

geschenke, sondern hart erarbeitete Leistungen, die es immer wieder neu zu erbringen gilt.
Wirtschaft und Soziales sind wie die zwei Pfeiler einer Brücke - die Brücke braucht beide Pfeiler. Weder eine neo-liberalistische Marktwirtschaft ohne soziale Dimension noch ein Umverteilungsstaat, der seine wirtschaftlichen Fundamente untergräbt und sich damit selbst gefährdet, können christdemokratische Politik sein. Der Ausgleich wirtschaftlicher Notwendigkeiten und sozialer Bedürfnisse wird eine der wesentlichen Herausforderungen der europäischen Zukunft sein. Das christdemokratische Konzept der Sozialen Marktwirtschaft ist dabei als einziges Konzept in Sicht, das beide Anforderungen in Einklang bringen kann.

Werte in Familie und Gesellschaft

Christdemokraten sind wertkonservativ. Sie sind der Meinung, daß jeder seine eigene Lebensform wählen soll, aber sie sind auch der Meinung, daß nicht alles völlig beliebig ist: Freiheit ist nicht von Verantwortung zu trennen. Es ist wichtig, welchen Sinn der einzelne seinem Leben gibt und welche Moral er für sich wählt. Denn all dies hat schließlich auch Konsequenzen für die anderen: für die Qualität unseres Zusammenlebens. Die zunehmende Auflösung der alten bindenden Milieus, die das Leben unserer Vorväter völlig geprägt haben, hat zu einer ungeahnten Individualisierung und Pluralisierung geführt: Lebenswege sind so offen wie nie zuvor, eine Vielzahl von Optionen steht jedem Einzelnen zur Auswahl.

Die Individualisierung ist begrüßenswert, bedeutet sie doch einen Zuwachs an persönlicher Freiheit für die breite Bevölkerung. Problematisch ist der damit verbundene Trend zur Entsolidarisierung. Denn gerade in der freiheitlichen Gesellschaft und im liberalen Rechtsstaat ist das freiwillig erbrachte Gemeinschaftsdenken der Bürger erst wichtig, ja von entscheidender Bedeutung. Gerade wenn kein Zwang herrschen soll, ist die persönliche Moral des Einzelnen und das Ethos einer Gesellschaft besonders gefordert.

Historisch gesehen gehört die christliche Moral zu den maßgeblichen Prägekräften Europas, und auch heute haben die christlichen Kirchen große Bedeutung für die sittliche Orientierung der modernen säkularen Gesellschaft. Ihre Bedeutung für das Gemeinwohl wird von der Christdemokratie ausdrücklich gewürdigt und gefördert. Christliche Tugenden sind keineswegs obsolet; sie verkörpern eigentlich nur die fundamentalen ethischen Prämissen, die uns allen gut anstehen: Rechtsgehorsam, Friedlichkeit, Nächstenliebe, Rücksicht und Gemeinsinn, Respekt vor dem Eigentum, vor Ehe und Familie, Achtung vor der unverfügbaren Würde des Menschen und vor seinem Schöpfer, Sinn für Gerechtigkeit, Mut und Zivilcourage. Veraltete Werte? Keineswegs, sondern: dringend notwendige Tugenden auch für die Zukunft!

Institutionen und Traditionen, Werte und Bindungen sind unverzichtbar. Sie sind keine anachronistischen Autoritäten, die uns unterdrücken und von denen es sich zu emanzipieren gelte, sondern notwendige Normierungen und Ordnungsfaktoren unseres menschlichen Zusammenlebens. Der Sinn für Normativität und für Grenzen der eigenen Willkür ist bei Christdemokraten unverzichtbarer Bestandteil des Verständnisses von Gesellschafts- und Bildungspolitik.

Verantwortungsbereitschaft, Gemeinsinn ebenso wie Toleranz und andere Werte werden am einfachsten in den Familien vermittelt. Nicht als „Lernprogramm", sondern weil diese Tugenden schlicht und einfach entwickelt werden müssen, wenn mehrere Personen harmonisch zusammenleben wollen. Allerdings kann den Familien die Erziehung nicht gelingen, wenn sie einsame Inseln sind. Bildungs- und Erziehungssystem müssen ihre Erziehungsarbeit unterstützen - und nicht konterkarieren. Familienpolitik und Schulpolitik rangieren deshalb auf der Werteskala christdemokratischer Politik weit oben. Werterziehung soll sein, und deshalb müssen die Familien in ihrer Erziehungskraft gestärkt und unterstützt werden.

Formale Fähigkeiten werden in Zukunft eine noch größere Rolle spielen als heute. Aktuelles Wissen kann morgen schon veraltet sein, und lebenslanges Lernen wird an Bedeutung noch gewinnen. Bildung und Ausbildung müssen mehr denn je Grundwissen einerseits und formale Fähigkeiten andererseits vermitteln. Lernen zu lernen, Wissen sich aneignen zu können wird wichtiger sein als ein fester Kanon von inhaltlichen Vorgaben. Selbständigkeit und Eigenverantwortung werden auch in dieser Hinsicht unser Leben noch mehr prägen als bisher. Deshalb ist Bildung aber nicht überflüssig: unsere Kompetenz, aus der Fülle von Informationen der vernetzten Datenautobahnen zu selektieren, zu differenzieren und richtig einzuordnen, ist letztlich eine Bildungskompetenz. Es ist die ganzheitliche, eigenverantwortliche und gebildete Persönlichkeit, die gefordert ist, und dieses Ideal entspricht dem Menschenverständnis des europäischen Abendlandes.

Ethik für Technik, Wissenschaft und Umwelt

Zwischen der technischen und moralischen Vernunft des Menschen herrscht kein unüberbrückbarer Abgrund. Verantwortete Freiheit muß auch im Bereich von Wissenschaft und Technik das Prinzip sein. Ohne Freiheit würde die Forschung erlahmen, ohne Verantwortung würde sie zum Schaden des Menschen statt zu seinem Nutzen ausschlagen. Die jüdisch-christliche Tradition und mit ihr die Christdemokratie hat ein sehr positives Verhältnis zur Technik. Die Welt ist von Gott geschaffen, aber nicht selbst wie ein Gott heilig und unberührbar, sondern das Arbeitsfeld des Menschen. Er darf und soll sogar sich die Natur dienstbar machen, heißt es in der *Genesis*, aber er soll sich dabei wie ein „Gärtner" verstehen, heißt es dort ebenfalls, der die ihm anvertraute Natur hegt und pflegt.

Die wissenschaftlich-technische Eroberung der Welt war also nicht schon der „Sündenfall" des Menschen, sondern erst seine Hybris, sich selbst an Gottes Stelle zu setzen. Weder Technikfeindlichkeit noch Machbarkeitswahn sind daher mit christdemokratischem Denken vereinbar. Beides sind aber reale Gefahren, die mit Gewißheit auch das nächste Jahrhundert - in unterschiedlicher Intensität - begleiten werden.

Medizinische Experimente mit Embryonen und anderen nicht-zustimmungsfähigen Personen, die ihnen selbst keinen therapeutischen Nutzen bringen, sind abzulehnen, weil sie gegen die fundamentale Würde des Menschen verstoßen. Klonen, Chimärenbildung und ähnliche gentechnologische „Errungenschaften" können nicht toleriert werden. Die Bioethik-Konvention des Europarats ist ein wichtiger Versuch, auf europäischem Boden zu gemeinsamen rechtlichen Standards zu kommen, die deutlich mehr sein müssen als ethische Minimalstandards auf kleinstem gemeinsamen Nenner. Insbesondere im Bereich der medizinischen Biotechnologien wird noch einiges auf uns zukommen: die Möglichkeiten der manipulierten Menschwerdung werden zunehmen, auch Eingriffe in die menschliche Keimbahn werden anstehen.

Aber nicht nur am Anfang, auch am Ende des Lebens verwischen die klar zu ziehenden ethischen Grenzen - Euthanasie ist bei Sterbenden, bei alten schwerkranken Menschen, bei apallischem Syndrom und bei Koma-Patienten schon im Gespräch, bei behinderten Embryonen im Mutterleib schon gängige Praxis. Spektakuläre Einzelfälle führen schnell zu Dammbrüchen bei grundsätzlichen Tabus. Christdemokraten wehren sich gegen diese inhumanen Tendenzen - sie müssen sich auch für die Zukunft als die politische Kraft verstehen, die solchen „Fortschritt" bremsen will, der dem Menschen in seiner Würde schadet.

Auch bei den nicht-menschlichen Geschöpfen Gottes ist nicht alles erlaubt, was vermeintlichen Nutzen bringt. Die Leidensfähigkeit der Tiere muß für den Menschen ein Schutzsignal sein. Aber auch die stumme Kreatur ist kein Objekt beliebiger menschlicher Verfügungsgewalt. Daß Umweltschutz im Interesse unserer Selbsterhaltung dringend nötig ist, spüren wir immer deutlicher. Die natürlichen Lebensgrundlagen der Menschheit müssen erhalten werden.

Wo genau die Grenzen zwischen Nutzen und Schaden verlaufen, zwischen legitimer Nutzung und illegitimer Ausbeutung der Natur ist stets eine schwierig zu entscheidende Frage. Aber ohne klare Prinzipien und eindeutige Grenzen wird die ethische Orientierung nicht gelingen. Die Bewahrung der Schöpfung, ein positives Verständnis von Wissenschaft und Technik sowie die absolute Unverfügbarkeit der Menschenwürde sind dabei höchst aktuelles christlich-soziales Gedankengut, das im nächsten Jahrhundert wichtiger werden wird denn je. Die letzte Verwurzelung der ethischen Grenzen in Gott als Schöpfer macht diese Grenzen verbindlicher, als dies eine rein innerweltliche Ethik vermöchte.

Christlich-soziales Gedankengut ist zukunftsfähig. Weil seine Basis das Ideal selbstverantworteter Freiheit ist, klammert es sich nicht an ein weltgeschichtliches Pro

gramm, das es durchzusetzen gälte, sondern ist offen für neue Entwicklungen und Aufgaben. Es wird getragen von einem tiefen Vertrauen, einem pragmatischen Realismus und dem Bewußtsein der eigenen ethischen Verantwortung.

Anmerkungen

zu: Die Politiker, die Bürger und der Euro

[1] Yves Thibault de Silguy: *Le syndrome du diplodocus. Un nouveau souffle pour l'Europe*, Paris 1996, S.12.
[2] Die in der Fachliteratur verwendete Abkürzung für Europäische Wirtschafts- und Währungsunion lautet EWWU. Da in diesem und auch im folgenden Beitrag aber immer nur von der Europäischen Währungsunion gesprochen wird, schien es mir logisch, diesen Begriff mit EWU abzukürzen.
[3] Knut Pries: *„Lausige Vorbereitungen auf Europa"*, in: *Frankfurter Rundschau*, 20. Oktober 1996, S.3.
[4] Helmut Markwort in der Rubrik *„Tagebuch"* in: *Focus* 2/1997.

zu: Makroökonomie und Realpolitik

[1] Peter Buomberger, Chefökonom der Schweizerischen Bankgesellschaft (SBG), im Vorwort zu einer vom Economic Research Department der SBG erstellten Studie zum Thema *„Europäische Währungsunion – Bedeutung für Europa und die Schweiz"* (Zürich, Frühjahr 1996).
[2] Mario Hirsch: *„Überflüßig wie ein Kropf?"*, in: *D'Letzeburger Land*, 27. Dezember 1996, S.5.
[3] Ebd.
[4] In der deutschen Währungsordnung sind die Landeszentralbanken die regionalen Hauptverwaltungen der Deutschen Bundesbank. Sie sind rechtlich unselbständig und führen ihre Geschäfte nach den Vorgaben des Zentralbankrates der Deutschen Bundesbank aus. Die Präsidenten der neun Landeszentralbanken sind jedoch - zusammen mit den acht Mitgliedern des Direktoriums - im Zentralbankrat, dem obersten Entscheidungsgremium der Bundesbank, vertreten.
[5] Statistische Berechnungen hierzu sind nicht möglich, da es keine Zahlenangaben darüber gibt, wie hoch die von den Wirtschaftssubjekten eines Bundeslandes innerhalb dieses Bundeslandes gehaltene Geldmenge ist.